Rosmarin

Olive

Narcissus

인생 리스 만들기

잠시 보고 끝인 꽃도
고이 잘 말려 리스를 만들어 걸어두면
꽃의 지난 흔적이 추억처럼 남아 마른 리스도 예쁘다
오래 두고 볼수록 정감이 있다.
우리의 삶도 오늘 하루를 잘 살면 고운 자태로 남아
날 닮은 인생 리스를 만들 수 있을 것이다.

꽃 만지는 일상을 담은 일기장...

/지난날 살아온 모습이 현재 모습이고
미래의 모습은
오늘 내가 어떤 하루를 보냈는지 좌우된다./

흔하게 듣는 말이지만 나의 꽃 삶에 비유하자면,
하루하루를 잘 살아 내 삶의 인생 그림을 꽃과 함께 기록한 책을 남기
고 싶었다.

나는 꽃을 만지는 순간 깊은 꿈을 꾸는 듯 한 시간으로 빠져들어 다른
것을 잊고 오로지 여기에만 집중할 수 있는 시간이 된다. 어느 순간 아름다
운 작품으로 태어나고 나는 꿈에서 깨어난다. 내 삶 속에 꽃이 들어옴으로
삶에 더욱 애정을 가지고 매일을 아름다운 시간으로 채워 나갈 수 있었다.

깊은 집중과 정지된 듯한 시간 속에서 얻게 된 나만의 경험과 노하우를 기록함으로 꽃을 매만지는 같은 길을 걷는 이들에게 아름다움을 더욱 잘 표현되도록 하는 꽃받침과 같은 존재가 되고 싶다.

꽃에 어떻게 의미를 부여하는가에 따라 시로서 아름다움을 표현하기도 하고, 음악으로서 기억에 남을 수도 있으며 그림으로 한 시대의 명작이 되기도 한다.

이 책에 담긴 모든 꽃의 표현은 나의 경험을 바탕으로 디자인된 것이며 꽃을 만지는 설렘과 받는 이의 행복함이 고스란히 담겨 있다.

나의 꽃이 사진 속 기록으로 또는 기억 속 추억으로 남아 누군가의 인생 속에 아름다운 그림이 되기를 바라는 마음에서 한 장 한 장 정성스럽게 그려내었다.

나는 꽃을 처음 만지는 날부터 꽃과 함께한 긴 시간 동안 많은 사람을 만났고 또 마음이 잘 통하는 이들과는 더 깊은 인연을 맺었다.

어디에 있어도 자리를 빛내는 꽃처럼, 한 권의 책이 나오기까지 따스하게 응원해주신 상도동 송영선 선생님과 거제도 정서현 선생님 그리고 부케처럼 아름다운 전국의 스무 명의 꽃 친구들과 책이 완성되기까지 꼼꼼히 챙겨주신 수풀미디어 대표님께 다시 한번 감사의 마음을 전하고 싶다.

이 책은 지난날의 내 삶을 고스란히 담은 인생리스이며, 앞으로도 꽃을 만지면서 꽃처럼 살고 싶다.

정은미

Contents

Part 1. 단순한 끌림으로 꽃집을 열다

안녕, 꽃   16

생각의 단순함   19

끌림   28

선택   30

꽃을 사랑하는 그대 참 어여쁘다   34

꽃과 커피   36

꽃을 든 남자   42

왜 하필 꽃일까?   46

Part 2. 끌림이 열정으로

눈부신 하루의 시작   50

손님이 무서워   52

자기소개   56

여기는 약국형 꽃집   58

첫 번째 꽃태기   64

힘이 드나요?   66

다시 맘 잡기 69

행복한 직업 72

배움과 성장 78

꿈같은 일 82

안녕, 파리 널 만나는 꿈을 매일 꾸었어 86

내 사랑 까뜨린 96

파리의 꽃시장 104

꽃집의 아가씨는 예뻐요 108

두 번째 꽃태기 110

꽃 친구 만들기 114

성공의 조건 116

너 걱정쟁이구나 120

손님 가려서 받기 124

본질에 대한 이해 128

꽃은 꽃이라는 이유로 아름답다 131

괜찮아 울어도 돼 134

네 꽃은 충분히 예뻐 136

꽃이 안 예뻐 보이는 이유는 꽃을 사랑하지 않아서다 140

꽃집 옆에 꽃집? 144

그대 닮은 꽃을 하세요 146

Agrina Style 148 / Agrina Flower Class 150

정답이 없는 꽃! 152

나는 플로리스트 156

Part 3. 난 꽃으로 예술을 하는 플로리스트입니다

정답이 있다면   160

세상에서 꽃이 가장 쉬워요   164

호기심과 상상력   168

플라워 레시피 노트 Flower Recipe Note   178

① 꽃에 의미 부여하기   180
때가 되면 봄이 온다고 했나요?
Subject 1. 봄날 선물하기 좋은 꽃다발 만들기

② 꽃에 희망적 의미 담기   188
외로움(loneliness)
Subject 2. 외로움에 힘들어하는 친구에게 주는 꽃바구니

③ 꽃 작품으로 메시지 전달하기   198
괜찮아! 좋은 일이 생길 거야
Subject 3. 꽃으로 추상적인 예술 작품 만들기

④ 작품의 스토리 만들기   206
세상 밖으로
Subject 4. 새장을 사용하여 작품 만들기

⑤ 꽃에 리듬감 주기   216
사람은 변하지 않아
Subject 5. 프로포즈 꽃다발 만들기

⑥ 시각을 시각예술로 풀기   224
세상은 마음으로 보는 것
Subject 6. 새의 형태를 감상하고 꽃으로 형상화해 보자

⑦ 감정을 시각예술로 풀기 234
꽃과 예술
Subject 7. 시 한 편을 읽고 느껴지는 감정을 꽃으로 표현하기

⑧ 컬러도 감정을 가지고 있다 244
제가 좋아하는 색은요?
컬러가 가진 감정이야기 248
Subject 8. 힘들어하는 엄마를 위한 꽃바구니

Part 4. 배고픈 예술가로 살 수 없어요

길을 잃다 264

미니멀라이프 268

Who are you 270

내가 그리는 그림 274

정원 가꾸기 278

엄마의정원 282

내가 가는 길이 꽃길 286

이상과 현실 속에서 타협하기 288

풀, 꽃 작업실을 열다 292

인생의 리스 298

EPILOGUE 302

Part 1

단순한 끌림으로
꽃집을 열다

Open a flower shop with simple attraction

그냥 나에게 어떤 예쁜 것 중
하나에 불과했다

안녕, 꽃

첫사랑에 대한 기억을 더듬어 본다. 아주 옛날이야기 같지만 손톱 끝에 남아 있는 주황빛 봉숭아 꽃물을 바라보며 어서 첫눈이 내리기를 조바심 내며 기다리던 때가 있었다.

첫사랑이라는 것은 그렇게 첫눈을 기다리듯 하염없이 기다린다고 오는 것이 아니라는 것을 알면서도 첫사랑이 올 수도 있다는 기대감과 설렘이 마냥 좋았던 것 같다. 가끔은 첫눈에 반하는 뜨겁고 강렬한 사랑을 꿈꿔 보기도 했는데, 그런 일은 나에게는 사치와 같은 일이고 있을 수 없는 일이라고 스스로 단정 짓고 살았던 것 같다.

이유는 모르지만 그렇게 쉽게, 빨리 달아오르는 사랑은 똑같이 쉽게 식을 것이라는 걸 몸소 체험하지 않고도 본능적으로 알고 있었던 것 같다. 모든 이들의 사랑이 그러한 것은 아니지만 적어도 내 성격을 알기에 많은 부분에서 한 박자 쉬고 돌아보면 그때가 아니면 안 될 것 같이 숨 막히는 순간도 결국, 그 순간뿐이었다는 걸 깨달은 일들이 많았다.

지금 내가 짙은 사랑에 빠져 있는 꽃과의 첫 만남 또한 그렇게 뜨겁지도 강렬하지도 않았으며 달콤하지도 향기롭지도 않았다. 운명 같은 꽃과의 만남 스토리를 위해 이야기를 극적인 상황으로 바꾸어 말하고 싶지 않다. 꽃은 나에게 그냥 예쁜 무언가에 불과했다.

수많은 예쁜 것들 중 하나!

단지 그뿐이었다.
나에게 꽃은 그랬다.
하지만 그 여운은 너무나 깊다.

복잡하게 생각하기 싫어

생각의 단순함

"넌 이상형이 어떻게 되니?" 라는 질문을 가끔 받을 때가 있다. 그때마다 1초의 고민도 없이 '몸과 마음이 건강한 사람이요!' 라고 자신 있고 명료하게 말을 했다.

'꽃이 배우고 싶어요!'
"꽃을 왜 배우려고 하니?"
'배우면 분명 쓸 곳이 있을 것 같아서요'
언제나 대답은 자신감에 가득 차 있다.

나는 매년 맞이하는 생일마다 생일 초를 끄면서 빠트리지 않고 소원을 빈다. 내가 빌었던 소원은 단 한 번도 바뀐 적이 없다.

'행복하게 해 주세요'

'행복하게 해 주세요'라고 단 한 가지 소원을 빌면 그때의 막연한 나
의 바램을 신이 듣고 나의 바람대로 이루어 주실 것이라 믿었다. 매번
소원을 새롭게 고민할 필요가 없었다. 두 손 가지런히 모아 두 눈을 꼭
감고 '행복하게 해 주세요'라고 빌면된다.

그래서일까?
생각해 보면 난 행복이 무엇인지도 모른 채 '행복하게 해 주세요' 소
원을 빌고 늘 막연하게 '행복하다'라고 믿으며 살고 있었다.
어느순간 '정말 행복했을까?' 하고 지난 시간을 돌아보며 회의감을
느낀다.

생각이 섬세할수록, 더 구체적인 그림이 나오지 않을까? 그래야 진
정 원하는 행복이 무엇인지 찾을 수 있을 것 같다. 복잡한 생각이 싫어
서 생각을 단순화시키며 살았는데 좀 더 구체적인 생각의 연결이 필요
한 듯하다.
나에게 계속해서 질문을 던지고
흔히 말하는 숙고의 시간이 필요하다.

How to flower cake

scan me

▲ 장미, 리시안셔스, 나무수국, 후룩스, 디디스커스를 이용해 케이크 윗부분은 살짝 반달 모양으로 디자인하고 대각선 아래를 남은 작은 꽃들로 장식했다.

1-2. 케이크 중심을 작은 부케 모양으로 장식하고 주변 아래는 가볍게 꽃잎을 떼어 꽃이 흩날리듯 표현한다.

3-4. 케이크 중심에서 한쪽으로 치우쳐서 반달 모양으로 꽃 장식을 하고 대각선 아래쪽을 꾸며준다.

무언가에 자꾸 마음이 간다는 건
내가 몰입할 수 있는 무언가가 생겼다는 것이다

끌림

끌림이라는 감정이 쉽게 만들어지는 것은 아니다.

내가 왜 끌렸는지 정확한 이유를 알아채지 못한 것뿐.

왜 난 꽃에 마음이 끌렸을까?

그 이유를 당장 찾을 필요는 없다. 나에게 열정을 태울 수 있는 무언가가 생겼다는 것이 중요하다. 이건 내 경우만이 아닐 것이다. 어느 날 가볍게 찾은 카페에서 인상 깊은 커피를 맛보고 막연하게 커피를 배우고 싶다는 생각이 든다면 커피에 대한 끌림이며, 꽃만 보면 지나던 발길이 멈춰지고 한참 서서 보게 된다면 이 또한 꽃에 대한 끌림이다. 이 끌림을 가볍게 여기지 말았으면 한다. 몰입할 것이 생겼다는 것이며 감사할 일이다.

무언가를 시작하기 전에 자극이 될 만한 스토리가 있어야 하는 것도, 분명한 신념이 생겨야 하는 것도, 내주변의 모두를 설득할 타당한 이유가 필요하지도 않다.

다만! 시작했다면 포기라는 단어는 쉽게 쓰지 않았으면 한다. 이 글을 읽는 분들도 분명 단순한 끌림이 열정과 희망이 되고 미래의 꿈이 될 것이라 난 믿는다. 내가 그랬으니까.

"마음에서 작은 씨앗을 찾았다면,
네가 좋아하는 공간에 정성스럽게 심어라
무엇이 피어날지 끝까지 가보기 전에는 아무도 모른다."
참으로 설레는 일이다....

내 상황과 가치관을 믿고 선택하기

선택

알람이 울렸는데 바로 일어날까?

딱 10분만 더 잘까?

오늘 비가 올 것 같은데 우산을 가지고 갈까?

두고 갈까?

직장을 계속 다닐까? 그만두고 창업을 할까?

우리는 살면서 크고 작은 선택의 연속에 있다.

평범한 일상 속에서 매일 일어나는 선택은 그만큼 책임감이 가볍지
만, 내 삶을 뒤 흔들 만큼의 큰 결정 앞에서는 부정적인 생각과 결과에
대한 두려움으로 선택을 포기하거나 언제 시작해야 할지 모르는 일로
미루는 사람들이 많다.

감사하게도 나는 어릴 때부터 많은 선택을 스스로 해야 했고, 그 결과에 대해서도 책임을 지는 것에 단련이 되어 있다. 작은 꼬맹이가 웃기지도 않게 어른스러웠던 것 같다. 고생하는 엄마에게 나의 고민까지 덤으로 안겨 드리고 싶지 않아 혼자 많은 것을 해결했다. 그러면서 언제부터인가 본능적으로 한숨을 크게 내쉰다.

나는 세월이 흘러 그 시절의 날 닮은 꼬맹이를 둔 엄마가 되었다. 그리고 나와 똑같이 깊은 한숨을 내 쉬는 7살 아들을 마주한다. '내 아이가 날 닮았구나' / 난 독립적이고 멋진 여성으로 자랐으며 / 내 아이도 그럴 것이라 믿는다. 선택에 있어서 반드시 책임감이 따르지만 결과가 두려워 많은 것을 포기하지 않았으면 한다. 시작해 보기 전에는 아무도 모른다.

선택으로 경험이 생기고 차곡차곡 쌓아 온 경험이 나를 보다 더 지혜로운 결정으로 이끈다. 혹 결정이 힘든 순간이 온다면 가치관을 믿고 따라보자. 당신의 상황과 가치관을 믿고 선택한다면 후회는 없을 것이다.

난 꽃을 배우기로 했다!

꽃을 진정으로 사랑하는 사람을 만났다.
꽃을 대하는 모습이 그렇게 아름다울 수 없다.
마음도 예쁜 꽃을 닮아 있다.

꽃을 사랑하는 그대
참 어여쁘다

나의 첫 꽃 선생님은 소녀처럼 사랑스러웠다.

꽃밭에 사는 작은 요정을 닮았다고나 할까?

꽃을 보고 아이처럼 좋아하는 모습이 어찌나 사랑스럽던지 어느새 내가 그런 선생님의 모습을 닮아가고 있었다. 꽃을 만지는 사람은 마음도 꽃같이 아름다워야 한다는 생각을 가슴속 깊이 담을 수 있게 해 주셨다.

꽃은 내 마음까지도 꽃같이 아름답게 만들어 나를 좋은 사람으로 변화시킨다. 꽃 덕분에 나는 어여쁜 사람이 되어 가고 있다.

내가 꽃을 사랑하는 이유이다.

Natural Bouquet

Material
줄리엣 장미 / 부르트 장미 / 튤립 / 라일락

내 삶을 진정으로 사랑하는 사람만이
두 눈에 꽃을 담을 수 있고, 향긋한 커피를 즐길 수 있다

꽃과 커피

꽃이 채소보다 비싼 것이 사실이고 시들어 버려질 것이 아까워 선 듯 지갑을 열지 못하는 사람이 있다. 커피 또한 밥값보다 비싸다며 싼 커피만 찾거나 진한 커피 한 잔을 연한 두 잔으로 만들어 내기도 한다. 또 어떤 사람은 커피를 마실 여유조차 없이 하루를 바쁘게 보낸다. 하지만 나에게 꽃과 커피는 하나의 치유와 같으며 바쁜 일상 속에서 나에게 주는 선물이다.

집을 깨끗하게 청소해 놓고 식탁 위에 꽃을 둘 때의 기분은 느껴 본 사람만이 안다. 지친 하루를 끝내고 꽃집에 들러 날 위한 선물로 꽃 한

송이를 나에게 줄 때의 뿌듯 함은 말할 것도 없고 그냥 날씨가 좋은 어떤 날 남자친구가 수줍은 듯 내미는 작은 꽃다발이 평범한 하루를 반짝반짝 빛나는 날로 만들어 준다.

커피도 마찬가지다.

커피 한 잔을 마실 여유를 가진다는 것은 잠시 쉬어 간다는 것이다. 바쁜 일상에 오랜만에 만난 친구와 커피 한 잔에 정신없이 수다를 떨 때가 있다. 그럴 땐 커피 한 잔이 모자라 한 잔 더 시켜 놓고 시시콜콜한 대화로 마음이 편안해진다.

일을 시작하기 전에 커피 한 잔의 여유를 가진다는 것은 허겁지겁 정신없이 달리지 않고 제대로 달리기하겠다고 준비운동을 하는 것과 같다. 오늘 날씨와 잘 어울리는 커피를 내려놓고 오늘 할 일들을 정리한다. 꼼꼼하게 메모해도 좋고, 머릿속으로 상상해도 좋다. 구수한 커피향과 함께 마음에 안정감이 든다.

그렇게 시작한 하루는 시작부터 여유롭고 그러한 여유의 시간을 가진다는 것은 그만큼 나를 아낀다는 것이며 늘 바쁜 하루속에서 나를 치유하고 있다는 것이다.

나는 일을 시작하기 전에 그날 날씨와 잘 어울리는 커피를 내려 마신다. 날이 좋은 봄
날 아침의 커피는 에티오피아 커피 모카하라를 단맛을 최대한 끌어올려 스윗하게 내린
다. 온몸으로 봄을 맞이하는 기분이다. 아침을 거른 날은 구수한 라떼로 빈속을 달래고
오늘 일과를 메모하기 시작한다.

매일 꽃을 보고 만지는 직업이지만 가끔은 날 위한 선물로 꽃을 구입하기도 한다. 꽃
시장을 돌다 한눈에 반한 꽃에 눈길을 떼지 못하다가도 사악한 가격에 살까를 수십 번
망설이다 결국 날 위한 선물로 집어 들기도 하고, 가끔은 다른 꽃집에 들러 향기가 가
장 짙은 아이 한두 송이를 골라 침실에 꽂아 두기도 한다. 안방이 꽃향기로 그윽하다.

꽃을 든 남자는 진정으로
사랑 할 줄 아는 사람이다

꽃을 든 남자

남자에게 꽃을 받는 여자는 단순하게 그 꽃 하나만 두고 감동하는 것이 아니다. 여자는 과정을 중요하게 여긴다. 사랑하는 사람에게 어떤 선물을 할까 고민을 하고 꽃을 사주고 싶다는 생각을 했다는 것부터 감동이며 꽃을 사기 위해 꽃집에 들어서서 쭈뼛쭈뼛 어떤 꽃을 사야 할까 망설이는 모습을 상상만 해도 사랑스럽다.

꽃말에 의미까지 담기 위해 인터넷 검색은 기본이다. 주문 후 다발이 완성되는 동안 어색함에 핸드폰만 만지작 만지작거리더니 꽃집 주변을 어슬렁거려도 보기도 한다.

완성된 꽃다발을 받아 들고 꽃집을 나와 잠시 걷는데도 모든 사람이 다 그를 쳐다보는 듯하여 남자의 발길은 빨라지고 얼굴은 붉어진다. 힘든 어색함을 다 견디고 이 사람은 지금 내 앞에 꽃을 들고 섰다 그런 생각에 여자가 감동하는 것이다.

마음에 없는 사람을 위해서는 할 수 없는 행동이라 생각하기에 꽃다발을 두 손 가득 받아 든 여자는 사랑 고백을 받은 듯한 환한 미소를 짓는다.

꽃을 든 남자여!

그대는 진정
사랑할 줄 아는
사람이구나!

왜 하필 꽃일까?

중세 유럽에서 남자들이 사랑하는 여자에게 구애하기 위해 들판에 핀 꽃을 꺾어 다발로 들고 가던 것에서 웨딩 부케가 시작되었다고 한다. 남자들은 여자의 마음을 얻기 위해 왜 꽃을 선물하는 걸까?

사랑하는 사람에게는 하늘의 별도 달도 따다 주고 싶을 만큼 뭐든 다 해주고 싶은 게 남자의 마음일 것이고, 세상에 반짝반짝 빛나는 것은 다 주고 싶을 텐데 그중에 꽃을 주는 의미는 아마도 자연이 만들어 낸 가장 원초적인 아름다움을 선물함으로 내 마음도 꽃처럼 순수한 상태로 진실됨을 전하려고 한 것 같다.

태양 빛을 머금은 고혹적인 컬러에 바람을 따라 살랑거리는 우아한 자태, 사랑에 금방 빠질 것 같은 달콤한 향기를 품고 살아 숨 쉬는 자연이 준 생명체!

사랑하는 여인의 마음을 사로잡기에 이보다 더 귀한 게 있을까? 그렇게 구애하기 위해 들판에서 꺾었던 꽃 한 묶음이 지금의 프로포즈 꽃다발이 된 것이 아닐까 싶다.

Part 2

끌림이 열정으로

I was attracted to flowers. And I got a passion

눈부신 하루의 시작

갈수록 온기를 잃어가는 우리들의 삶에 꽃으로 마음을 전하는 사람이 늘어가는 것은 당연한 그림이다.

다양한 꽃들로 저마다 짝을 지어 왈츠를 추는 모습으로 형태를 잡고 그날 컨셉과 가장 어울리는 포장지로 드레스를 입힌 다음 마무리로 허리에 예쁜 리본을 묶어 세상에서 가장 귀한 선물을 완성 시킨다. 이것이 내가 하는 일이다.

플로리스트는 누가 봐도 멋진 직업이다. 점점 빠져드는 꽃의 매력에 잘 할 수 있을 것 같은 자신감이 더해지더니 어느새 작은 꽃집이 탄생한다.

이제 내 꽃을 알아주는 손님만 오면 된다.

눈부신 하루가 시작되고 오랜만에 살아 있음을 느끼며 내 표정과 목소리는 생기가 가득하다.

그런데 손님은 언제 오지?

이 꽃 다 안 팔리면 어떻게 하지?

세상에서 가장 힘든 일은
손님에게 내 꽃을 내미는 일이다.

손님이 무서워

어린 시절의 은미를 떠올려 본다. 은미는 행복감을 다른 사람을 통해 느끼는 아이였다. 가만히 생각해 보면 늘 인정받길 바라고 미움받지 않고 누구에게나 사랑받길 원하는 소녀였던 것 같다.

친구가 내가 가진 것이 예쁘다고 하면
"그러면 이것 너 해!" 하고 내가 소중하게 아끼는 것까지 내어 주고도 받는 사람이 오히려 미안해할까 봐
'어차피 필요하지 않던 거야' 라는 말까지 덧붙였다.

친구들이 내 행동과 말에 웃어 주는 게 좋아서 내성적인 아이가 장난

기가 많은 아이처럼 행동했다. 그래도 그땐 예쁜 그림이 그려진 연필 하나 친구에게 쥐여 주면 그 친구는 내 친구가 되었고 집에 가는 길에 분식집에서 떡볶이를 한번 사는 날엔 단짝 친구로 통할 수 있었다. 그렇게 어린 시절을 보낸 나는 여전히 다른 사람의 사랑을 받기 위해 눈치를 살피며 살고 있다.

꽃집을 운영하면서 손님의 주문에 맞춰 상품을 만들다 보니 손님들의 표정을 읽는 버릇이 생겼다. 꽃을 건네 드릴 때 만족한 표정이 보이지 않으면 내가 실력이 부족한 것 같다는 생각에 종일 신경이 쓰인다. 밤잠을 반납하고 진주에서 서울까지 오가며 산 꽃들로 정성을 다해 만들지만 손님은 같은 꽃을 보고도 저마다 다른 반응이다.

그렇게 꽃을 내밀며 손님의 반응을 살피는 순간은 설렘이 아니라 두려움이다. 평가를 받는 느낌이라고 할까?

빈티지한 색감의 꽃이나 쪼글하고 색이 고르지 않은 장미의 겉잎을 보시고는

"이 꽃 시든 것 아니에요?"

'손님~ 시든 꽃이 아니 구요 싱싱한 장미는 이렇게 겉잎이 있어요.

화형이 예쁘게 자리 잡고 오래 보시려면 남겨 두셔야 해요.'

"딱 봐도 시들어 보이는데 무슨 말이에요?"

이렇게 말씀하시는 손님과 십 분 정도 실랑이하다 보면 종일 일이 손에 잡히지 않고 가게로 들어오는 손님이 반갑지가 않다. 물론 그 기분은 고스란히 다음 손님에게 전달되기 일수다. 정도가 심한 날은 꽃집 그만 두고 싶다는 생각까지 하게 된다. 멘탈을 붙잡고 또 붙잡는다.

꽃 장사! 쉬운 게 아니구나!

제발이지 은미야

감정이 태도가 되지 않게!!

손님 앞에서 표정관리 좀 잘 하자!

저는 그냥 꽃 만지는 사람입니다

자기소개

꽃집을 연 지 1년이 지났다.

"당신의 직업은 무엇입니까?" 라는 질문에 '플로리스트 입니다.' 라고 대답하면 가장 간단하겠지만 플로리스트라는 직업이 일반인들에게 생소할지도 모른다는 생각과 아직 내가 꽃에 대해 자신이 없는데 전문가라고 내 입으로 말하는 게 부끄러웠다. 그래서 나의 대답은 '그냥 꽃 만지는 사람이에요.' 작은 목소리에 수줍은 듯 대답한다.

은미! 직업에 자신이 없니?

아니!

사실 난 꽃에 자신이 없어

여기는 약국형 꽃집

약국의 모습이 떠올랐다. 약을 조제하는 사람은 조제실 안에 있고 환자를 직접 만나지 않고도 처방된 종이 한 장이면 약 포장이 된다. 그리고 작은 구멍으로 약봉지를 담은 바구니를 내민다.

꽃집에 약국 시스템을 적용하면 어떨까?

손님이 원하는 꽃, 색상, 가격만 종이 한 장으로 전달받고 손님과 대면 없이 꽃을 전달하는 방식으로 꽃집을 운영하고 싶다는 생각이 든다. 비대면 꽃집....

말이 안 되는 상상력에 불과한 걸까? 처음에는 꽃을 직업으로 하기 위해서는 손님을 대하는 상냥함과 꽃에 대한 자신감이 일 순위라고 생각했다. 물론 중요한 부분이지만 다른 방향으로 꽃을 바라보게 되면 길이 없는 것도 아니다.

꽃을 가지고 직업으로 풀어 갈 방법은 생각보다 많다. 나의 성향과 상황에 맞는 방향을 찾으면 된다. 나처럼 약국 형 꽃집을 꿈꾼다면 인터넷 쇼핑몰로 택배나 퀵을 이용해 꽃 판매를 하면 되고, 인스타그램이나 블로그를 통해 꽃 정기구독 서비스도 가능하다. 단점을 극복하는 것도 좋은 일이지만, 장점을 더욱 극대화시키는 것도 하나의 방안이라는 것이다. 아니면 손님 응대를 아주 잘 하는 직원을 뽑는 것도 하나의 대응책이다.

꽃 만지는 일은 자신이 있지만 많은 사람이 오가는 꽃집이 불편하다면 한적한 곳에서 수업 위주의 스튜디오를 운영하면 되고 심각하게 내성적이라 혼자 있는 게 익숙하다면 조용히 꽃 만지는 모습을 영상으로 예쁘게 담아 유튜브에 꾸준하게 올리면 된다.

분명!
꽃을 가지고 나에게 맞는 길을 찾을 수 있다고 믿는다.

그대가 꽃 일을 하고 싶다는 희망을
가지고 작은 기회라도 주어졌을 때 도전
하고 노력한다면 그 길이 단단해져서 뜻
이 있는 좋은 길로 그대를 이끌 것이다.

연인들의 사랑도 오래되면 자연스럽게 그 열기가 식고
얼굴을 마주하기조차 싫어지는 시기가 온단다
너처럼 아름다운 꽃도 손에서 놓고 싶은 날이 오는구나!

첫 번째 꽃태기

요즘 들어 자꾸 꽃집을 그만두어야 하나 싶다. 여름이라 그런지 손님
이 없다. 사계절을 세번이나 보내고 또다시 맞이하는 여름인데도 여름
이라는 계절이 참 어색하다.

'다들 휴가를 떠났나? 왜 전화 한 통 없지?'

혼자 중얼거리다가 수화기를 들어 본다.

'켜져 있는데? 이상하네'

혹시나 하는 마음에 직접 가게로 전화를 걸어본다.

"띠띠띠띠"

'전화기 문제는 아니구나'

한 달이 왜 이렇게 빨리 가는지 월세 내는 날도 얼마 남지 않았는데 아무래도 이번달은 월세 내기도 힘들 것 같다. 서울까지 가서 구입한 꽃은 반도 팔지 못하고 활짝 피거나 푹 고개를 숙인 모습을 보니 내 마음도 노랗게 녹아내린다. 3년 계약도 끝나 가는 데 아무래도 꽃집을 접어야 하나 싶다.

나에게도 꽃 태기가 찾아왔나 보다. 꽃집을 그만두고 싶다는 생각이 종일 머릿속을 떠나지 않는다.

그런데 그만두면 또 뭘 하니?
당장 할 것이 없어,
꽃 너 밖에는....

뭐든 하려고 하면 방법이 보이기 마련이고
하지 않으려고 하면 핑곗거리만 늘 뿐이에요

힘이 드나요?

꽃집을 운영하다 보면 '내가 왜 꽃집을 시작했을까' 하는 후회가 밀려
오기도 한다. 그건 꽃집만의 문제가 아니라 장사란 다 그런 것 같다. 생
각처럼 매출이 오르지 않거나 손님과 이런저런 이유로 실랑이해야 하는
일도 종종 있고 혹시나 손님이 오실까 잠시 자리를 비우기도 쉽지 않다.
정해진 시간에 주어진 업무만 하면 꼬박꼬박 월급이 나오던 직장 생활
이 더 편하고 좋았다는 생각이 들기도 한다.

꽃집이 다른 어떤 장사보다 힘든 이유는 공장에서 찍어낸 상품을 판
매하는 것이 아니라 직접 컨디션이 좋은 꽃을 구매하고 한송이 한송이
불필요한 잎을 정리한 후 적절한 온도와 신선한 물 공급을 통해 지속적

으로 관리를 해야 하며 마지막까지 소비자에게 싱싱한 상태로 전달 되도록 애써야 한다.

단기간 이내에 판매가 되어야 하는 약한 생물이라는 것도 어려운 부분이지만 고객이 만족할 상품을 만들기 위해 끊임없이 디자인에 대해 연구해야 한다. 하지만 슬프게도 정성스럽게 준비한 상품을 고객분이 만족하지 않을 수도 있다는 것이다. 또한, 꽃 장을 보는 시간과 컨디셔닝 하는 시간을 포함한다면 장시간 노동을 해야 하고 졸업식과 같은 바쁜 시즌에는 연속되는 야근으로 체력이 완전히 바닥이 나고 그렇게 시즌을 보낸 뒤, 값이 오른 꽃 값과 포장지와 리본 값을 제하고 나면 생각보다 내 손에 쥐어지는 돈이 없어 허무하기도 하다.

이렇게 힘이 드는 꽃집을 해야 할까?
좋아하는 것을 취미로만 남겨 둘걸, 괜히 직업으로 선택했나 봐!
배우러 다닐 때가 좋았구나.

누구나 한 번쯤 하던 일을 내려놓고 싶을 때가 있다
하지만 지금은 버릴 때가 아니다
제대로 시작도 안 했잖아!

다시 맘 잡기

그만두고 싶을 땐 이런저런 핑계만 자꾸 늘어 간다. 정말 아닌 일을 붙잡고 있으라는 말이 아니다. 단지! 지금 그만두고 싶다는 수많은 이유가 내 마음가짐에서 오는 것들이 대부분이고 이로 인해 후회할 일을 만들지 않았으면 한다는 것이다. 신기하게도 꽃집이 하고 싶은 이유를 하나둘 이야기하다 보면 앞으로의 방향이 보이기도 한다.

처음 꽃을 시작할 때 어떤 맘으로 시작했는지를 떠올려 보자. 가정에서 육아만 하며 정체성을 잃어가던 내 이름 세 글자가 다시 일을 가질 수 있다는 것에 감사하는 맘으로 힘든 직장에서 벗어나 내가 정말 하고 싶던 일을 할 수 있다는 것에 만족하자는 마음으로 많은 이들이 꽃 일을 시작했을 것이다. 그때 누구보다 절실했던 설렘을 다시 떠올려 보면 좋겠다.

10년을 지방에서 서울까지 꽃장을 보러 간다. 꽃 시장에 들어서면 그 어떤 향수와도 비교할 수 없는 풀과 꽃이 뒤섞인 향이 난다. 평생 기억하고 싶은 풀꽃 향이다. 향기에 대한 기억은 오래 남는다. 내 꽃이 좋다는 손님이 한두 분씩 늘어나고 어느 날 꽃을 만지는 내 모습에서 진심이 느껴진다는 손님의 말에 속마음을 들킨 듯 흥분한다.

각지에서 꽃을 배우고 싶다는 수강생이 늘어나고 제주도에서 비행기까지 타고 오는 학생, 저 멀리 인천이나 강원도에서 장거리 운전을 하고 오는 학생들과 인연을 맺으며 내가 하는 일에 대한 자부심으로 다시 다짐한다.

난 꽃을 해야 하는 사람이구나.
다시 맘 잡고 꽃일을 하자.

예쁜 공간에서 예쁜 꽃을 만지는 나는 행복한 사람!
내 꽃은 누군가의 마음을 전하는 위대한 일을 한다

행복한 직업

열심히 꽃 만지는 내 뒷모습을 보며 기다리던 여성 손님께서 부러움에 가득 찬 목소리로 말씀하신다.

"이렇게 예쁜 곳에서 종일 예쁜 꽃만 보니까 좋으시겠어요~"
'네 정말 행복해요.'

망설임 없이 진심을 담아 대답을 한다. 얼마 전만 해도 어려운 손님 대하는 게 너무 힘들다며 꽃 일, 더는 못 하겠다던 내가 맞는지 의심스러울 정도이다. 가게 전화벨 소리가 기억에서 흐릿해질 때쯤 전화벨이 반갑게 울린다. 익숙한 남성 손님의 목소리가 들려온다.

"안녕하세요. 꽃 좀 주문하려고 하는데 여기 꽃을 사 줬더니 여자친구가 너무 좋아해서 또 주문하려고 하는데 이번에는 프러포즈용이라서 어떻게 하면 좋을까요?"

'세상에 너무 축하드려요~

특별한 날인데 특별하게 더 신경 써서 준비해 드릴게요.'

이상하다. 오늘 무슨 날이지?

또 전화벨이 울린다.

"안녕하세요. 봄에 여기 꽃을 선물받았는데 진주에서 보지 못한 꽃들도 많고 너무 예뻐서 저도 이번에 귀한 분에게 선물하고 싶어서 전화드렸어요."

'어머나~ 네 감사합니다.

받으신 꽃보다 더 예쁘게 성정 담아 만들어 드릴게요.'

잠시 찾아왔던 꽃 태기는 뜨거웠던 한여름과 함께 사라지고 가을이 오려나 좋은 일이 생기려나 주문 전화에 정신이 없다. 요즘 같아서는 내가 세상에서 가장 행복한 직업을 가지고 있다는 생각에 평생 꽃 일을 할 수 있을 것만 같다. 그리고 여전히 나는 꽃을 배우고 있고 그 즐거움으로 일주일을 그리고 한 달을 버티고 있다.

배움과 성장

꽃집을 열고 4년째 저축을 못 하고 있다.

밑 빠진 독에 물 붓기를 하는 것처럼 꽃을 배우면 배울수록 부족함이 느껴지고 목돈이 조금이라도 생기면 꽃에 대한 갈증을 채우기 위해 나에게 맞는 꽃 수업을 찾아 어슬렁거린다. 매주 화요일이 되면 서울행 새벽 첫차를 타고 두 타임의 꽃 수업을 듣는다. 그리고 무거운 다리를 이끌고 가게에서 판매할 꽃을 사기 위해 강남 꽃시장으로 향한다.

꽃시장 개장시간까지는 아직도 서너 시간 남았고 개장시간을 기다리는 것 또한 지루하고 몸이 더 피곤해지는 느낌이다. 수요일 새벽 12시부터 꽃 장을 보는데 일주일 동안 사용할 꽃을 한 번에 사입 하는 일은 쉽지 않다.

정신없는 꽃 사재기가 끝나면 아침 6시 첫차를 타고 서울에서 진주로 돌아온다. 많은 돈을 버는 것도 아니면서 그 돈의 마지막 잔고는 영혼까지 탈탈 털어 다시 배움에 쓴다. 그래도 궁극적으로 행복한 사람이 아닐까 하는 생각을 하며 나를 위로한다. 당장 눈앞에 보이지 않아도 배움으로 나 자신이 꽃으로 한가득 향기로워지는 느낌이다. 그런 생각을 카톡 프로필에 적는다.

'통장에 잔고는 없어도 분명 난 커가고 있겠지!'
정신없는 한 주를 보내고 어김없이 꽃 수업을 들으러 서울행 버스에 오르고 또 꽃시장을 향한다.

어느 날, 꽃시장에서 누군가 반가운 목소리로 인사를 한다.
"안녕하세요? 아그리나 플라워 맞죠?"
'네 맞아요~ 안녕하세요. 그런데 저를 어떻게 아세요?'
"예쁜 꽃 잘 보고 있답니다."
'어머! 그러세요? 감사합니다.'
"그리고 카톡 프로필에 글 봤어요. 정말 많이 공감되어서 너무 좋았어요. 저만 그런 것이 아니었어요."

카톡 프로필!

'통장에 잔고는 없어도 분명 난 커가고 있겠지!'

소중하게 간직하고 간절히 바라면 이루어진다

꿈같은 일

　누구에게는 쉬운 일이 나에게 간절히 바라는 일이 되기도 한다. 내 친구 서영이는 직업 특성상 해외 출장이 잦았고, 출장 중에 잠시라도 그 나라의 명소를 찾아 인증샷을 찍어 SNS에 올리는 일이 많았다. 다른 나라 사진이 올라올 땐 또 출장 갔구나! 하고 별생각 없이 보던 출장 사진인데 에펠탑 사진이 올라왔던 날은 안 달던 댓글까지 남긴다.

　'부러워~ 나도 그곳에 있고 싶다.'
　"부럽긴~ 나 출장 중이야."

　친구가 출장 중에 에펠탑 인증 사진 하나 찍어 올린 것뿐이라는데 나에게 파리는 꿈의 장소 였다.

꽃을 하게 되면 통과의례처럼 꼭 가고 싶은 곳 파리, 사실 여권에 잉크 한번 찍어 본 적 없는데 꽃을 하면서 파리에 가고 싶다는 욕심이 생겼다. 꽃집 일을 하면서 두 아이를 둔 엄마가 해외여행을 간다는 것은 일반적인 가정에서, 아니 적어도 내 가정에서 쉬운 일은 아니었기에 가슴 한켠에 꿈같은 일로 남겨 두고 언젠가는 꼭 가야지 하고 바람으로만 남겨 두었다.

몇 년이 흘렀을까...

어느날,
꽃 친구 나연에게서 전화가 왔다.

"은미씨~ 파리 가자!"

무엇이든 그리워 한 시간만큼
더 소중하고 더 애틋하다는 것을 느끼게 해 준다
내 삶의 커다란 선물 파리~

안녕, 파리
널 만나는 꿈을 매일 꾸었어

에펠탑을 두 눈으로 마주했을 때의 그 어마어마한 감동을 어찌 글로
다 표현할 수 있을까?

파리 곳곳 멀리에서도 다양한 각도로 볼 수 있는 에펠탑을 일부러 가
까이에서 보기 위해 한참을 걷던 중 드디어 눈앞에 서 있는 웅장한 에펠
탑을 만났다.

그리워하던 옛 연인을 만난 듯한 황홀함에 심장박동이 빨라지고 내
가 그렇게 꿈꾸었던 에펠탑이 눈앞에 거대하게 서 있다. 머리부터 발끝
까지 뜨거운 전율이 온몸을 휘감는다. 넌 역시 파리의 빛나는 꽃이야.
난 널 만나는 꿈을 매일 꾸었단다.

Hellow, Paris.

I've been dreaming of meeting you every day.

2009년 꽃집 오픈을 했다. 당시 2009년 개봉작 '사랑을 부르는 파리'
라는 영화를 보며 파리의 곳곳의 아름다운 풍경에 꼭 파리에 가고 싶다
는 꿈을 꾸게 되었고, 좋아하는 플로리스트인 까뜨린뮐러가 있는 곳이
라서 그런지 한 번도 가보지 못한 파리에 대한 향수병으로 휩싸여 있었
다. 그렇게 오랫동안 그리워하던 파리를 만났다.

파리를 이야기할 땐 에펠탑에 대한 그리움이 빠질 수가 없다. 물론 센
티한 기분으로 한참 동안 센느강을 거닐고 튈르리 공원을 산책하다가
여유롭게 벤치에 앉아 오리 떼를 구경하던 아주 평범한 시간도 특별한
하루로 기억된다. 유람선을 타고 온몸으로 시원한 바람을 맞으며 센느
강을 따라 파리의 아름다운 건축물을 감탄하며 눈이 호강하던 시간, 책
으로만 보던 작품들을 루브르 박물관에서 만났을 땐 역사와 예술에 대
한 경이로움에 사로잡혀 쉽사리 그 여운이 가시지 않았다.

레오나르도 다빈치의 모나리자 작품을 눈앞에 마주 대하던 그 순간
은, 정말 내가 그 대단한 걸작을 이렇게 눈앞에서 보고 있구나. 작은 그
림의 힘에 압도되었다.

그 모든 것이 좋았다.
내가 그토록 그리워하던 파리이기 때문이다. 그리워 한 시간이 길었

던 만큼 더 소중하고 애틋하다는 것을 다시금 느끼게 해 준 내 삶의 커

다란 선물로 남는 시간이었다.

▲ 저 멀리서부터 에펠탑을 보고 걷기 시작했다. 손톱만 하던 에
펠탑이 점점 거대하게 보이고 가까워질수록 내 심장도 뛰기 시
작했다

▼ ▶ 레오나르도 다빈치 작품 앞에서 서로 사진찍기 전쟁 중,
온몸에 소름과 전율이 흘렀다.

▶ 해질녘 모든 일정을 끝내고 바람을 느
끼며 센느강을 따라 유람선타기

◀ ▼ 이른 아침 튈르리 공원을 걷다가 여유로이 벤
치에 앉아 본다. 사랑스러운 오리 가족들 구경하
다보면 또 한 두시간이 훌쩍 흐른다.

▼ ▶ 베르사유궁전에 화려함 뒤의 왕
비의 촌락 쁘띠트리아농! 난 왠지 이
곳이 더 좋았다

▲ 한국에서도 유명한 마레지구 Merci,
"풀 꽃 작업실" 오픈에 많은 영감을
주었다

▲ 하울의 움직이는 성의 모티브가 된
몽생미쉘의 수도원가는 길, 눈물나도
록 좋았던 추억의 여행지였다.

▲ 모네가 좋아하다 못해 사랑했다고 하는 '옹플레흐' 화가들의 마을을 골목 구석구석 다니는 재미가 있었다.

우리가 지냈던 파리시내의 해질녘
매일 매일이 그림처럼 예뻤다.

내 사랑 까뜨린

꽃을 그냥 꽃이 아니라 정말 꽃으로 보게 해 준 나의 두 번째 스승인 까뜨린뮐러 그녀를 만나기 위해 7개월 전부터 항공권을 예매하고, 4일간의 위클리 수업 신청을 했다. 수업 신청을 하고부터 기다리는 하루하루가 즐거웠다. 그런 그녀가 내 눈앞에 나타났다.

'안녕! 까뜨린'

루브르 박물관 근처 까뜨린의 플라워 샵은 이미 SNS에서 많이 봐 왔기에 익숙하다. 먼 거리에서도 그레이 색의 외관이 바로 눈앞에 들어왔고, 입구로 들어가자마자 철계단을 따라 지하로 내려갔다. 반가운 그녀가 세상 누구보다 환한 미소로 날 반긴다.

"Bonjour~"

들떠 있던 나는 그녀와 짧은 인사와 함께 발을 잘못 딛고 계단을 굴렀다. 덕분에 까뜨린의 기억에 확실한 자리매김을 하고 부끄러움도 잠시 4일간의 타이트한 수업이 시작되었다. 그녀는 내가 만났던 플로리스트 중에서 단연 최고라고 말할 수 있다.

다양한 컨셉의 작품을 완벽하게 표현하는 능력뿐만 아니라 가꾸지 않아 투박한 듯 자연스러운 정원의 모습도, 단정하고 예쁘게 잘 가꿔 놓은 정원의 형태도 그녀만의 스타일로 완벽하게 디자인한다. 또한, 그녀만의 컬러 팔레트는 안정적이며 예술적이다.

사실 까뜨린뮐러와의 만남은 파리가 아니라 한국 까사스쿨에서 시작되었고, 생소했던 프렌치 스타일과의 첫 시작이었다. 나를 파리까지 이끌게 했던 그때의 까뜨린 작품은 나에게는 충격적인 아름다움이었다. 꽃시장(절화시장)에 분명 있었던 소재들인데 한 번도 눈길을 주지 않았던 풀 같은 아이들이 작품에 사용되었고, 그 작품은 자연을 그대로 옮겨놓은 듯한 자유스러움이 있었다.

그제 서야 나는 꽃이라는 것은 자연에서 왔고 자연 속의 꽃을 플로리스트의 감각으로 재창조하는 것이 플라워 디자인이라는 것을 알게 되었다.

처음이다.
꽃이 정말 꽃으로 보이기 시작했다.
정원에 풀이 보이기 시작했다.

파리의 꽃시장

꽃을 하면서부터 어떤 나라를 가든지 그 나라의 꽃시장을 둘러보는 일은 필수 코스가 되었다. 까뜨린 스쿨에서도 학생들이 꽃시장 투어를 요청하고 일정 비용을 내면 플라워 마켓 투어가 가능하다. 유럽 최대 크기를 자랑하는 헝지스 꽃시장 투어가 있는 날이다. 새벽 6시부터 부지런히 움직여 거대한 파리의 꽃시장에 도착했다. 방대한 꽃시장의 규모에도 놀랐지만, 수입 과정을 통해 우리나라 꽃시장에서 볼 수 있는 눈익은 꽃들이 생각보다 저렴한 가격의 이름표를 달고 있었고 무엇보다 꽃들이 정말 신선했다.

우리나라 꽃시장에서는 꽃을 눕힌 다음 한가득 쌓아 두고 판매를 한다면 이곳은 습식유통을 하고 있고 대부분 물통에 가지런히 세워서 진열하고 있었다.

처음 보는 소재도 많았지만, 많이 보아오던 꽃이나 소재라도 훨씬 기장도 길고 꽃도 큰 편이라 처음 접하는 생소한 아이들 같았다. 무엇보다 색감이 채도가 낮고 깊이가 있는 색의 꽃이 많아 어떤 꽃들끼리 섞어도 부딪히지 않고 잘 어울릴듯했다.

'파리에서 꽃 하면 정말 행복하겠다.'

사진으로라도 아름다움을 간직하겠다는 생각으로 셔터를 연이어 눌러 댔다. 화형이 예술적인 가든 장미는 물론이고 스위트피, 작약, 카라, 에델바이스, 무스카리, 은방울꽃 등 눈앞에 보이는 꽃마다 감탄사가 절로 나온다. 다알리아의 컬러가 예술이다. 태양을 가득 품고 자란 포도로 담근 레드와인에 퐁당 빠진듯한 레드, 갓 사랑이 시작된 수줍은 코랄 빛 핑크, 아기 오리의 엉덩이 같은 밀크 우유, 정말 다양한 색상과 크기로 지나는 이들을 유혹한다. 몽땅 한국으로 가져가고 싶다. 파리에서 딱 일 년 만이라도 플로리스트로 살아 보면 좋겠다는 생각이 들 정도다.

'정말 멋지구나! 파리의 꽃!'

이곳의 플로리스트는 혜택받은 사람이야! 정말 부럽다.

꽃을 사랑하는 사람은 마음도 예쁘지만
얼굴도 예쁘다는 노래 가사가 틀린 말이 아니에요.

꽃집의 아가씨는 예뻐요

요즘 인스타그램을 보면 예쁜 사람만 플로리스트가 되는 것처럼 다들 아름다운 미모를 자랑한다. 나는 플로리스트뿐 아니라 자신을 꾸밀 줄 아는 사람이 일도 잘 한다고 생각한다. 더군다나 예술 분야는 말할 것도 없다. 중요한 것은 억지로 꾸며진 어색하고 인위적인 아름다움이 아니라 맞춤 정장을 입은 것처럼 딱 맞아떨어져서 자신만의 옷을 걸친 것 같은 자연스러움이 중요한데 그것은 자신을 잘 아는 것에서 시작한다고 생각한다.

화려한 것을 좋아하는지 심플하고 단순한 것을 좋아하는지 특이하고 개성 있는 것을 좋아하는지 꾸미지 않은 듯한 자연스러움을 좋아하는지

등 나 스스로가 어떤 옷을 걸쳤을 때 가장 아름다운지를 고민하고 그런 나의 기본적인 성향과 나와 가장 잘 어울리는 꽃 느낌을 매치시켜야 한다. 또 샵의 이름, 인테리어, 내가 자주 사용할 포장 법과 포장지의 컬러까지 모두가 한 세트인 마냥 자연스럽게 연결될 때 나만의 브랜드가 완성이 된다.

그런 꽃집 아가씨는 누구보다 아름답게 빛나 보인다. 여기에 다정하고 밝은 미소까지 더한다면 금상첨화가 아닐까 싶다.

안정감을 찾았다 싶다가도 일에 대한 열정이 식을 때가 있다
어떤 이유에서든 다시 일어설 힘이 필요하다

두 번째 꽃태기

플라워 샵을 하다 보면 한 번쯤 찾아오는 꽃태기가 있다. 꽃에 대한 나의 부족함이 보이기 시작하고 이 길이 나의 길이 아닌가 하는 고민이 생길 때쯤 이거나 내가 좋아하는 꽃이 아니라 손님의 취향에 맞춘 꽃만 늘 만지다 보니 재미도 없고 지루한 일상의 연속 같다.

앞집 옆집 할 것 없이 우후죽순으로 꽃집이 계속 생겨나고, 누구나 쉽게 생각하는 꽃집 같아 오랫동안 준비하고 지금껏 열심히 달려온 일에 회의감이 느껴지기도 한다. 임신이나 출산 육아 등의 자녀 문제로 가족들과 해결되지 않는 갈등이 있든, 꽃 디자인에 부족한 자신의 모습을 발견하고 자신감이 없어질 때든 어떤 이유로든 꽃태기는 얼마든지 올

수 있다고 생각한다.

오픈하고 처음 찾아왔던 나의 꽃태기는 자신감이 부족에서 왔던 것 같고 새로운 배움 들로 자연스럽게 극복이 되었던 것 같다. 그 뒤로는 한 번도 꽃태기 라는 것이 찾아오지 않았다.

그 이유가 뭘까?

내 옆에는 꽃 동무들이 오랫동안 함께하고 있었다. 수업을 통해 스승과 제자로 시작했던 학생들이 전국적으로 한 명 두 명씩 늘어나고 마음이 잘 맞는 학생들과 모임을 하기 시작했다. 서로 도움이 될 만한 아이디어나 정보를 공유하고 함께 모여 작품도 만들고 꽃 공부도 하면서 서로의 고민을 털어놓는다.

꽃을 하면서 가족이나 친구들이 공감하지 못하는 꽃에 대한 고민은 역시나 꽃 친구와 나누어야 위로가 된다. 고민하는 대부분은 나 혼자만 느끼는 것이 아니라 모두의 고민이고 숙제라는 걸 알게 되고 대화만으로도 안도감이 찾아온다. 우린 친구 이상의 끈끈한 정을 가지고 각자의 꽃집을 운영해 나가고 있다. 이런 소중한 친구들 덕분에 꽃을 더욱 즐겁게 할 수 있다.

FLOWER TRIP

TO JAPAN

WITH FLOWER FRIENDS

Flower trip to England with flower friends

우리에겐 꽃을 가지고 이야기할 수 있는 친구가 필요하다
꽃 수다로 이야기꽃 피우다 보면
외로웠던 마음이 어느새 온기로 채워진다

꽃 친구 만들기

어떤 직업이든 소통이 되는 사람이 가까이 있다는 것은 일을 재미있게 할 수 있는 원동력이 된다. 어찌 보면 같은 처지에 있는 사람들끼리 서로의 마음을 가장 잘 알기에 꼭 필요한 조언과 따뜻한 위로를 아끼지 않는다. 꽃을 배울 때 함께 한 동기가 보통 꽃 친구가 되는데 그때가 아니면 친구를 만들기 쉽지 않다. 보통 1인 사업자로 개인 샵을 운영하고 있고 경쟁도 심하다 보니 샵을 오픈하면 오히려 더 고립된 형태로 꽃 일을 하게 된다. 순수한 마음으로는 가까운 꽃집들과 친구처럼 지내고 싶지만 현실은 경쟁 꽃집으로 미움의 대상이 되지 않으면 다행이다.

꽃 일을 하며 친구가 필요하다는 생각을 한 적은 없지만 감사하게도

전국 각지의 학생들이 나의 꽃을 배우기 위해 찾아오고 꽃만 가르치는 것이 아니라 개인적인 고민도 나누다 보면 꽃 취향뿐만 아니라 마음까지 통하니 수업이 끝날 때쯤은 친구가 되어 있다.

나와 결이 비슷한 사람을 만나기 쉽지 않은데 이렇게 찾아온 소중한 사람과의 만남을 지속하기 위해 모임을 만들었다. 작은 인연을 지속적으로 이어나가고 싶은 마음으로 시작했지만 나는 내 학생들에게 좋은 친구를 만들어 주고 싶었다. 좋은 스승과 뜻이 같은 친구들이 있다는 것은 꽃을 더욱 재미있게 할 수 있는 동기부여가 되고, 함께 전쟁터에 나간 전우처럼 내 마음을 알아주는 친구가 있다는 것만으로도 마음이 든든하다. 스승과 제자로 만나서 이제는 둘도 없는 꽃 친구가 된 스무 명의 소중한 사람들!

감사하고, 사랑합니다.

다른 사람의 성공을 위해 돕는 사람은
자신도 성공의 길로 가고 있다

성공의 조건

좋아하는 동생과 새벽 꽃 장을 둘러보고 있는데

"언니!"

'왜?'

"언니는 꼭 성공할 것 같아."

'하하하하! 왜 그렇게 생각해?'

"내가 성공하는 사람의 10가지 조건이라는 글을 읽었는데 언니가 거
의 다 해당이 되더라."

'성공하는 사람들의 조건이 뭔데?'

"내가 다 기억은 못 하겠지만 성공하는 사람들은 호기심이 많다고 하더라고 언니 진짜 호기심 많잖아. 그리고 끈기를 가지고 한 가지 일을 오래 하고, 우리 사회가 또는 그 사람이 하는 일이 앞으로 어떤 방향으로 흘러갈지를 보는 통찰력도 있대!"

'또?'

"그리고 결정적으로 성공한 사람들은 다른 사람의 성공을 돕는다는데 언니가 딱이잖아. 언니는 다른 꽃집들 잘 되게 도와주잖아."

아무리 잘났어도 혼자서 살아갈 수 있는 세상이 아니다. 더불어서 함께 잘 사는 것이 진정 행복한 삶이다. 다른 이가 잘 되도록 돕는 게 좋다. 내가 다른 이에게 도움을 줄 수 있는 꽤 괜찮은 사람이라는 것을 느껴 본 사람은 알 것이다. 얼마나 행복한 삶을 살고 있는지. 다른 사람을 도울 에너지를 가졌다는 것은 정말 감사할 일이다.

"다른 사람의 성공을 돕는 사람은 성공한다"라는 말은 다른 이에게 좋은 마음을 두고 베풀면 결과적으로 나에게 좋은 일로 되돌아온다는 뜻으로 그만큼 사람에게 마음을 다하는 것이 중요하고, 좋은 관계가 좋은 일까지 가져다준다는 것이다. 그만큼 성공에는 옆에 둔 사람이 누구냐가 많은 좌우를 한다고 본다.

"다른 사람의 성공을 돕는 사람은 성공한다"

ANYONE WHO HELPS OTHERS SUCCEED WILL SUCCEED.

쓸데없는 걱정은 나를 병들게 한다는 걸 알아야 해

너 걱정쟁이구나!

꽃집의 바쁜 일정이 끝나면, 힘들었던 나의 삶을 보상하듯 미용실을 찾는다. 예쁘게 머릴 하고 쇼핑하러 갈 때의 기분은, 그날만큼은 내가 돈을 버는 이유를 찾은 것 같은 마음에 "더 열심히 살아야지." 하고 주먹 꼭 쥐고 다짐하는 것 같다.

5월 15일, 스승의 날을 끝으로 5월의 바쁜 시즌이 끝났다. 카네이션 바구니가 아닌 어버이날을 위한 새로운 상품 디자인으로 몇 달 전부터 분주하게 움직였다. 다행히 매출도 올라가고 기분도 좋고! 어김없이 기분 좋게 미용실을 찾았다. 하지만 그날은 쇼핑이 아닌 병원을 선택해야 했다.

"어? 고민이 많으세요?"

'왜요?'

"탈모 있는 거 아시죠?"

'네?'

동그란 거울을 머리 뒤로 가져다 보여 주셨다. 오백원 동전 크기의 민둥이 구멍이 있다. 나에게는 적지 않은 충격이다.

"이게 점점 커질 수 있으니 꼭 병원에 가보세요."

왈칵! 눈물이 쏟아졌다.

난 행복하다고 믿고 살았는데, 별다른 걱정 없이 잘 하고 있다고 믿었는데, 내 몸이 아파하고 있었다는 생각에 나를 위해 처음 울어 본 것 같다. 병원에서는 스트레스가 가장 큰 이유라 하셨고 심장까지 찌르는 듯한 길고 뾰족한 주사를 놔 주셨다.

너무 아팠다.

돌아가는 길, 한참을 울고 나를 다독이며 생각했다.

난 걱정 쟁이었다.

일뿐만 아니라 개인적인 많은 부분에서 이미 내 손을 떠난 지난 일까지도 걱정하고 있다. 내 주변 사람들의 힘듦도 내 몫인 듯 걱정이 된다.

무의미한 걱정! 쓸데 없는 걱정이 날 병들게 한다구!

제발 그만하자!

네 걱정이나해~

손님 가려서 받기

로드샵에는 다양한 손님이 들어온다. 다양한 연령대의 취향이 다르고 생활 수준이 다르고 꽃에 대한 가치를 다르게 생각하는 많은 사람이 꽃집에 들어와서 제각기 한마디씩 한다.

"꽃값이 너무 비싼 것 아닌가요? 다른 집은 이렇게 안 비싸던데"

"꽃들이 시든 것 아닌가요? 꽃 상태들이 안 좋네!"

"여기 꽃들은 온통 파스텔 연한색 밖에 없네. 좀 화사한 색도 있으면 좋겠는데"

"안개는 없어요? 그럼 프리지어는요?"

다양한 손님들 응대하느라 종일 정신이 없다. 시든 꽃을 판매하는 양

심 없는 꽃집 사장님으로 여겨질까 봐 시든 꽃이 아니라고 일일이 설명해야 하고 없는 꽃만 찾으시는 손님들을 위해서 다음번엔 싫어도 가져다 놔야 할까 고민하지만 막상 다음번에 가져다 놓으면 찾는 이가 없다.

일 년 내내 프리지아를 찾는 손님들, 왜 우리 꽃집에 안개꽃은 없는지 프리지아는 언제 나오는지에 대한 답변을 정성스럽게 하다가도 어떤 날은 그냥 없다고 하거나 다 팔렸다고 말하고 만다.

새벽에 사서 온 꽃들 컨디셔닝하고 전화로 걸려 온 손님 주문받는 사이에 예약된 꽃다발 픽업 시간이 다 되어가고 역시나 급하게 만든 꽃다발은 내 맘에 들지 않는다. 그러는 사이 들어 오셔서 이것저것 물어보시는 손님들 덕에 정신이 없는데, 10분 뒤 도착하신다며 너무 당연한 듯 꽃다발을 만들어 놓으라는 전화에 다시 다급하게 꽃다발을 만들려 하는데 때마침 먼저 예약된 꽃다발의 손님께서 오시고 준비된 꽃다발을 이리저리 보시는 눈빛이 심상치가 않다.

아니나 다를까?

다발 속의 꽃을 다른 꽃으로 바꿔 달라지 않나 포장지가 맘에 안 든다며 이래저래 불만을 늘어놓으신다. 그리고 10분이 흐르고 다음 꽃다발 손님이 왔다.

"아직도 안 만드셨어요?"

멘붕

'꽃다발이 그렇게 쉽게 만들어지는 줄 알아?'

이런 손님, 저런 손님, 모두 내 손님이라 생각하니 혼자 정신없이 바쁘기만 하고 정성을 담아야 할 꽃을 로봇처럼 생각 없이 완성하기에 급급하게 된다. 오히려 예약하신 단골 분들의 꽃에 정성을 쏟을 시간이 부족하게 되는 것이다. 손님들 취향을 모두 듣다 보면 내 취향은 어디로 갔는지 찾을 수 없고 꽃을 하는 재미가 없어진다.

그래서 손님을 가려 받기로 했다.

당장 눈에 보이는 손실이야 있겠지만, 장기간으로 봤을 때 나는 꽃을 즐기면서 할 수 있고 그런 나의 꽃이 좋아서 오는 손님들을 위해 정성을 담은 꽃을 만들고 다정히 건네 줄 것이다. 그렇게 나는 행복하게 꽃을 하는 사람이 되기로 했다.

세상의 모든 것은 본질에 대한 이해에서 시작된다
꽃집의 꽃 상품 또한 본질적인 부분에 더 집중해야 한다

본질에 대한 이해

내가 지금 하는 꽃 일의 본질에 대해 고민을 해 본다.

꽃의 본질은 무엇일까?

꽃은 아름답다는 것과 꽃은 시든다는 것은 누구나 알고 있다. 플로리스트라는 직업을 가진 이는 아름답지만 결국 시들어 버리는 꽃을 가지고 하나의 디자인을 만들어 수익을 창출한다.

그게 레슨이 될 수도 있고 상품 판매가 될 수 있을 것이다. 상품으로 만들어 판매하는 경우는 대부분 사랑하는 사람이나 고마운 사람에게 마

음을 전달하는 의미로 꽃이 전달된다. 일반적으로 꽃을 선물하는 사람과 받는 사람에게 그냥 꽃은 꽃일 뿐이다.

스킬적으로 핸드타이드를 얼마나 잘 했고, 꽃이 뭉쳐 갑갑해 보이지 않는지, 컬러가 어색하거나 촌스러운 조합으로 구성된 건 아닌지, 수입 꽃이나 비싼 꽃이 얼마나 들어가는지 그들에겐 중요하지 않다는 것이다. 아니 중요하지 않다는 것이 아니라 이들은 꽃의 본질만 보기에 싱싱한 꽃이면 되고, 풍성한 꽃이면 되고, 합리적인 가격이면 되는 것이다.

그래서 가끔 샵을 운영하는 학생들이 그런 이야기를 한다.
"여기는 예쁘지 않은데 장사가 너무 잘 되어요"
그런 학생에게 난 이렇게 답해준다.

'안 예쁘다는 것은 네가 만든 기준이고 꽃은 다 예뻐! 그리고 꽃의 본질에 집중해서 잘 만들었네'

저마다 좋아하는 꽃은 다를 수 있지만
세상에 미운 꽃은 없다
꽃은 꽃 자체로 아름답다

꽃은 꽃이라는 이유로 아름답다

플로리스트 Katie Davis 와의 만남에 관해 이야기하려고 한다. 그녀
와의 이야기는 며칠 계속될지도 모르겠다. 꽃을 바라보는 나의 시선뿐
아니라 내가 나를 사랑하는 법, 더 나아가 진심으로 다른 이를 사랑하는
법을 그녀에게 배웠기 때문이다.

지금까지 많은 외국의 플로리스트를 만났고 그들과 친해지고 싶었으
나 언어의 장벽을 넘지 못했다. 하지만 케이티와의 소통에서 언어가 중
요하지 않다는 것을 알았다.

서로의 마음을 느낀다면 마주 잡은 손길의 부드러운 감촉으로도 서
로의 눈 속에 보이는 따뜻한 표정으로 대화를 할 수 있고 언어의 많은

부분을 이해하지 못했어도 그 속에서 전해지는 언어 온도로도 충분히 맘을 전 할 수 있다는 것을 그녀가 알게 해 주었다.

사랑이 많은 그녀는 그 사랑을 학생들에게 넘치도록 나눠 주고 또다시 사랑으로 가슴을 채운다. 마음이 따뜻한 그녀를 보면 닮고 싶다는 생각이 절로 들고, 이내 내 맘이 뭉클해짐으로 데워지고 나면 나도 어느새 그녀만큼은 아니지만 따뜻한 사람이 되어 있는 것 같다.

그녀의 워크숍에서는 참가자들이 시들어 버릴 꽃에 많은 시간을 뺏기보다는 워크숍에 함께 한 사람들이 꽃을 통해 함께 소통하고 서로의 만남에 더 집중하기를 바란다.

사실 꽃은 꽃 그 자체로 아름다운데 더 아름답게 하겠다는 욕심으로 주변은 보지 않고 내 작품에만 열중하다 보면 정작 함께 하는 사람을 보지 못할 수 있다. 비단 그것이 워크숍에 참가 한 사람뿐만 아니라 일반적으로 많은 사람이 꽃을 선물하고 받음에도 있어서도 상대가 들고 있는 꽃의 크기나 종류를 먼저 볼 것이 아니라 그 꽃을 들고 있는 사람의 마음을 보는 것이 더 중요하다는 것을 알았으면 한다는 게 그녀의 생각이다.

한낱 시들어 버릴 꽃 때문에 선물하는 사람의 마음이 뒷전이 되는 건 슬픈 일이다.

꽃은 꽃이라는 이유로 아름답다는 것을 알았으면 한다. 그리고 꽃을 선물하는 사람의 마음은 꽃보다 더 아름답다.

바구니를 꽃을 때 대부분 주인공스러운 아이들만 가지고 꽃 아낸다. 장미, 다알리아, 거베라와 같이 얼굴이 크고 화려한 아이들만 꽃이라고 생각하지만 평소 주인공 옆에서 보조 역할을 하던 풀꽃들만 사용하여 바스켓을 만들어 보았다. 고정관념을 버리고 꽃이라는 것은 모두 아름다우며 꽃을 선물하는 사람의 마음과 꽃이 놓이는 공간과의 어우러짐을 늘 고민하면 좋겠다.

눈물은 너무나 자연스러운 거야
눈물을 흘리는 네가 얼마나 솔직하고 아름다운지를 알면
네가 만들어 내는 작품 또한 빛날 거야

괜찮아 울어도 돼

어릴 적 귀가 따갑게 들었다. 울면 산타 할아버지가 선물을 안 주신다고, 선물을 받기 위해서 어릴 때는 울지 않으려고 했던 것 같다. 중학교 때 학급에서 가정 조사를 하기 위해 선생님께서 질문하셨다.

"어머니 없는 사람? 손들어"

"아버지 없는 사람? 손들어"

난 그때 손을 들지 않았다. 친구들이 아빠 없는 아이라고 불쌍하게 보는 게 싫었다. 그날 수업이 끝날 때쯤 선생님께서 공개적인 자리에 나를 불렀다.

"너희 아버지 돌아가셨는데 왜 손 안 들었니?"

어린 은미에게는 그 일이 엄청난 상처였고 그런 내 마음을 엄마가 알게 되신다면 가슴 아프실까 봐 숨어서 울었던 기억이 난다. 나이를 먹기 시작하면서 내 눈물이 다른 이에게 아픔이 될 수 있다는 걸 알게 되고 점점 아무도 없는 곳에서 내 슬픔을 끄집어낸다.

내가 만난 플로리스트 케이티는 달랐다 울고 싶을 때 울었다. 태어날 때부터 아기는 울음으로 의사를 표현하고 눈물은 너무나 자연스러운 감정 표현 중 하나라고 했다. 꽃으로 작품을 잘 만들려면 나의 깊은 내면의 이야기를 끄집어내야 하고 그러기 위해서 나 자신의 감정 표현에 자연스러워져야 한다는 것이 그녀의 생각이다.

주변을 의식하지 않고 춤추고 싶을 때 춤을 추고
울고 싶을 땐 울어도 된다!
내 감정에 충실하자.

더 잘하려고 애쓰지 마
지금도 충분하게 아름다우니 이제 넌
네 꽃을 사랑하기만 하면 된단다

네 꽃은 충분히 예뻐

꽃을 더 잘 하고 싶다는 욕심은 10년 전이나 지금이나 변함이 없다. 언제쯤 나의 꽃에 만족하고 자신감을 가질 수 있을까 하는 부분은 많은 플로리스트 분들이 가지고 있는 숙제와 같은 것이다.

어쩌면 이 부분은 예술 작품을 하는 모든 사람의 고민일 것이다. 도자기를 몇십 년간 만들었던 장인도 작품이 제 맘에 들지 않으면 무참하게 깨버리는 것과 같이 내가 만족하는 작품을 만들어 내는 시간은 늘 고뇌의 시간과도 같다.

케이티는 이런 내 마음을 너무나 잘 알고 있는 듯 내가 꽃 일을 하면서 가장 어려워했던 부분의 답을 그녀가 찾아 주었다.

"넌 평생 네 꽃에 만족할 수 없어.

더 잘하려고 애쓰지 마

네 꽃은 충분히 아름다워

이제 넌 네 꽃을 사랑하기만 하면 돼"

꽃을 시작하고 지금까지 내 꽃이 미운 날이 많았고 다른 꽃집의 꽃이 더 예뻐 보인다. '세상에 꽃을 잘하는 사람이 왜 이렇게 많은 거야?'

시간이 지나도 내 꽃에 만족하지 못하는 내 모습을 보며 '너 꽃을 만진지 벌써 10년이야. 언제까지 이럴 거야?'

케이티가 해준말은 나에게 꼭 필요한 말이었다.

"네 꽃은 충분히 예뻐,

이제 넌 네 꽃을 사랑하기만 하면 된단다."

다시 내가 만든 작품을 바라보았다. 꽃은 그냥 그 자체로도 너무 예뻤다. 내가 뭘 더 하려고 하지 않아도 아름다웠다. 내가 만든 내 꽃을 내가 사랑하지 않고 자꾸 못나게 봐서 미안했다.

내 꽃은 정말 예쁘다.

날 닮아 있어서 더욱 예쁘다.

YOUR flowers

are

Beautiful Enough...

내가 꽃을 사랑한다면
꽃은 나에게 와서 아름답게 피어날 것이다

꽃이 안 예뻐 보이는 이유는
꽃을 사랑하지 않아서다

어릴 적 처음 보았던 꽃은 손끝을 예쁘게 물들게 했던 봉숭아 꽃과 엄마 집 마당에 얼굴을 내밀며 길게 자라던 해바라기, 길을 오가며 쉽게 보았던 우리나라 꽃 무궁화, 봄이 왔다고 가장 먼저 알리던 노란 개나리와 꽃분홍 진달래 정도인 것 같다. 꽃에 관심이 없어서 무심코 지나쳤던 꽃들이 이제 서야 생각이 났다. 관심에 들어오기 전까지는 그냥 공기와 같이 눈에 보이지 않는 어떤 것이다.

그러던 어느 날, 내 삶이 꽃으로 채워지고 많은 꽃을 보고 배우기 시작하면서 예쁜 꽃에 대해 스스로 순위를 정하고 있었다. 처음엔 내가 좋아하는 색의 꽃과 내가 싫어하는 색의 꽃 정도로만 꽃을 평가했는데, 점점 화형을 보기 시작하더니 어느 날부터 화형뿐만 아니라 꽃이 가지고 있는 줄기가 가진 선의 아름다움을 따지게 되고 자주 보는 익숙한 꽃에 대해서는 흥미가 없고 시장에서 가끔 만나거나 값비싼 아이들은 귀해서 그런지 더 예뻐 보인다. 그렇게 예쁜 꽃과 예쁘지 않은 꽃을 구분 지어 놓으니 예쁘다 싶은 꽃들이 한가득 들어가면 만족스러운 작품이 되고 특별할 것 없는 꽃들이 들어가게 되면 작품이 맘에 들지 않는다.

일본 워크샵을 갔던 날

세상에서 가장 아름다운 꽃다발을 만드는 플로리스트를 만났다. 흰머리의 노인분께서 정성스럽게 작은 꽃다발을 만들고 계셨고 손님은 꽃다발 만드는 모습을 지켜보며 행복해하고 있었다. 고작 자주 보던 흔한 꽃들인데 어쩜 그렇게 아름다울 수 있을까?

난 그 순간 꽃을 그냥 꽃으로만 바라보고 있었다. 처음 꽃을 접할 때의 가장 순수한 시선으로 꽃은 꽃이기에 아름답다는 단순한 생각으로 꽃을 바라보면 내가 만든 꽃이 사랑스럽게 보인다.

이유가 뭘까 생각해 보면,

내 꽃은 지금의 나를 가장 많이 닮았기 때문인 것 같다.

scan me

어색하고 서투른 나의 모습 일 수도 있고,

자신감에 가득 찬 모습 일 수도 있고,

한 송이 한 송이 모두 사랑스런 모습 일 수도 있다.

아니면 답답해서 숨쉬기조차 힘들어 보일 수도 있다.

그 모든 모습을 가진 나의 꽃,

나를 사랑하고 꽃 자체를 사랑했으면 한다.

그러다 보면 꽃들은 점점 자연스럽게 내 손 안에서

날 가장 많이 닮은 모양으로 피어날 것이다.

미움이 크고, 질투가 많은 당신은
어여쁜 꽃을 만질 자격이 없다

꽃집 옆에 꽃집?

꽃집 옆에 꽃집이 생긴다면 서로 가까워질 수 없다!

왜 그럴까?

뒤에 오픈한 꽃집은 내 손님을 뺏고 상권을 어지럽히는 나쁜 사람으로 치부되기 쉽다. 가능하면 한참 떨어져서 서로 볼일 없는 거리에 오픈하면 좋겠지만, 분명 꽃집이 있다는 걸 알고 가게 계약을 했다면, 먼저 있던 꽃집으로부터 미움의 대상이 된다는 것을 몰랐거나, 수없이 많은 날을 고민하고 또 고민하고 힘든 결정을 한 것이다.

사이좋게 지내라는 말도 아니고 뒤에 생긴 꽃집을 대변하고자 하는 것도 아니다.

다만 그대가 힘들지 않았으면 한다.

그저 꽃이 좋아 선택한 일에서 매출 걱정, 실력 걱정, 미래에 대한 걱정, 그밖에 다양한 고민과 걱정들로도 머리가 아플 텐데 이미 일어난 일에 대해서는 자연스럽게 받아들일 수 있으면 한다. 그저 옆 꽃집도 꽃이 좋아 시작한 나와 같은 사람이다. 피할 수 없으면 즐기라는 말이 있듯 이제 더 재미있게 꽃을 즐기면 된다.

내 꽃을 더욱 사랑하고
내 꽃이 좋아 오는 손님들을 소중하게 여기면 된다.
내가 있는 자리에 감사하고 누구보다 행복해지자.

그러면 된다.

내가 좋아하는 꽃에 집중하면서 꽃을 만지다 보면
그대만의 분위기가 꽃에 자연스럽게 보이기 시작 할 거예요

그대 닮은 꽃을 하세요

꽃 작품을 보면 그 사람의 성격과 성향이 다 보인다. 좋은 사람인지 나쁜 사람인지를 꽃으로 가려낼 수는 없지만 작품을 만든 사람이 평소 정리 정돈을 잘 하는 타입인지, 급한 성격인지 소심하거나 대범한 성격 인지도 보이고, 단순한 것을 좋아하는지 화려한 것을 좋아하는지도 보인다. 이렇게 꽃을 꽂을 때 자신의 성향대로 꽃을 꽂는 경우가 대부분이 지만 완전하게 다른 성향으로 바뀌어 꽃을 만지는 플로리스트 분들도 있다. 자신이 어떤 사람인지 내가 뭘 좋아하는지에 집중하면 나를 닮은 꽃을 만들어 낼 수 있다.

생각해 보면 나도 처음 꽃을 시작했을 때는 배웠던 선생님께서 자주 사용하셨던 꽃 위주로 구매하게 되고 배웠던 스타일 대로 작품을 만들

었다. 다른 방법은 모르기 때문에 내가 배운 방법대로 하는 것은 당연하다. 그러면서 다른 선생님을 만나 새로운 디자인도 배우고 색다른 꽃들을 접해 보기도 하면서 내 것을 찾아간다. 안타까운 플로리스트는 꽃 일을 몇 년째 하면서도 내 스타일을 찾지 못하고 다른 이의 작품을 기웃거리기만 한다.

이 사람 꽃 너무 아름답다.
이 꽃집도 예쁘구나!
어? 여기도 감각 있네! 이렇게 해 볼까?

나만의 스타일의 꽃이 하고 싶다면
내 꽃에 나를 담아내고 싶다면 나 자신에게 집중해야 한다.
나는 어떤 성격이고 어떤 성향이 있을까?
어떤 꽃을 좋아하고 어떻게 꽂아 내는 걸 좋아할까?
어떤 컬러의 꽃을 만질 때 편안하고 아름답다고 느낄까?
이런 많은 고민을 하다 보면 조금씩 답을 찾을 수 있다.

이 책을 다 읽고 나면
그대도 그대를 닮은 꽃을 하게 될 거라 믿는다.

Agrina Style

1. Basket (1)
자연색 바스켓에 차분한 보라색 꽃들로 정원
의 꽃을 가득 채운 느낌으로 어렌지

2. Basket (2)
들기에 좋은 작은 사이즈의 바스켓에 살구 톤
으로 화려한 듯 소담하게 꽂아 낸 미니 바스켓

3. basket(3)
가방형태로 된 바구니에 가든장미와 열매소재
를 앞면으로 집중되도록 디자인의 바스켓

4. Vase
특별한 디자인의 도자기에 자연소재를 이용하
여 가을느낌을 연출

5. Wreath
보라, 핑크의 조합으로 우아한 듯 네추럴한 리스

6. Flower cake
화형이 모두 다른 보라색 꽃들을 이용한 케이크
꽃 장식, 깔끔하게 정돈된 디자인으로 꽃 한 송
이 한 송이가 눈에 들어온다.

7. Bouquet
튤립 한 종류만으로 우아한 부케 연출하기

2

3

4

5

6

7

Agrina Flower Class

1

2

3

4

1-2. Centerpiece
화기부터 꽃선택까지 직접 초이스하는 수업

3. Vase
샤무드끈을 이용한 유리베이스디자인

4. Grande Centerpiece
언화기에 자연과 어울리도록 네츄럴하게 플라워디자인

5. Candellabra
열매와 풀, 작은 꽃을 사용한 촛대꽃장식

6. Big Size Bouquet
특별한날 특별한 꽃다발만들기

7. Flower modeling
공간장식을 위한 플라워디자인

8. Heart bouquet
유료영상수업에서 진행된 하트부케

 scan me

꽃에 정답이 있었다면 얼마나 재미가 없었을까
꽃을 만지는 그대가 생각하는 이유가 정답이다

정답이 없는 꽃!

한국 사람들은 모든 부분에서 정답을 찾으려고 한다. 그래서 정답이 있는 공식을 좋아하고 답을 찾지 못하는 논리에 대해서는 어렵다고 생각하는 것 같다.

꽃이 그러하다.

사실 꽃에는 정답이 없다고 말하고 싶다. 아름다움의 기준이 사람마다 다르므로 같은 꽃을 바라보더라도 꽃을 바라보는 사람의 꽃에 대한 경험이나 취향에 따라 모두 다르게 꽃이 다가온다.

좀 더 구체적으로 말하자면 후리지아라고 하면 무조건 노란색이 예쁘다고 하는 사람이 있지만, 후리지아 노란색은 촌스럽다고 생각하는 사람도 있다. 하얀 안개와 빨간 장미의 조합이 꽃의 정석이라 생각하고 .
늘 같은 디자인을 찾는 남성분이 있는 반면에 그것을 싫어하는 여자들
도 있다.

한두 종류의 꽃만 가지고 부케처럼 풍성하고 동그랗게 만들면 아름
답다고 느끼는 사람도 있고, 하늘하늘한 들꽃 느낌 꽃들을 여러 가지 모
아 정해진 형식 없이 자유롭게 잡는 것을 좋아하는 사람이 있다. 빼곡하
게 꽂힌 꽃을 좋아하기도 하고 부족한 듯 여유로움을 주는 꽃의 디자인
을 좋아하기도 한다.

그래서 나는 학생들에게 꽃을 처음 가르칠 때 애초부터 정답이 있지
않으니 손길이 가는 꽃으로 그 꽃에 의미를 담아 나를 드러내듯 자유롭
게 표현해 보라고 한다.

꽃에는 정답이 없으니까

누군가 나에게 직업을 물어본다면 자신감 있게 말할게요
저는 꽃을 만지는 플로리스트입니다

나는 플로리스트

꽃을 시작한 지 10년이 훌쩍 넘어서야 직업에 대한 확신이 생겼다. 더욱더 소신 있게 꽃을 대해야겠다는 생각이 든다. 한 가지 일을 10년 이상 꾸준히 그리고 열심히 해 왔다는 것은 그 분야에서는 전문가라고 인정할 수 있는 시간에는 충족되지 않나 싶다.

물론 나 스스로는 늘 공부할 것도 많고 아직 부족하다고 느끼지만 디자인이라는 분야에서 매번 완벽하기는 힘들 것이다. 이쯤에서 스스로를 프로라고 생각해야 일에 대한 자신감도 생기고 더불어 사명감을 가지고 일을 할 수 있을 것 같다.

그래! 난 플로리스트야

Part 3

난 꽃으로 예술을 하는
플로리스트입니다

I'm a florist who does art with flowers

인생에 정답이 있다면 답안 대로만 살아가면 된다
그러면 적어도 실패하는 삶은 없을 것이다

정답이 있다면

삶을 잘 살아간다는 것에는 교과서와 같이 옳은 답이 있을 수도 있겠지만 모든 사람에게 같은 삶의 가치를 적용할 수 없고 우리의 삶에는 변수가 너무나 많다. 또한 사람들은 답을 알고 있으면서도 살아온 환경과 가치관이 다르고 각자가 정한 방향이 달라 대부분의 사람들이 정의 내리는 정답대로만 산다는 것은 쉽지 않다.

하지만 어떻게 길을 찾아야 하는지 도무지 모르겠다면 누군가 먼저 안전하게 도착한 길을 따르는 것이 도움이 된다.

꽃은 정답이 없다고 말하는 애매한 대답들이 오히려 꽃을 더 어렵게, 더 재미없게 만들지는 않을까?

나는 플로리스트 분들이 꽃을 조금 더 쉽게 할 수 있도록 방법을 찾는 연구하고 있다. 작가가 커다란 캔버스에 점 하나도 의미를 담아 찍으면 작품이 될 수 있듯 꽃도 플로리스트가 어떤 의미를 담아 꽂느냐에 따라 단순한 꽃 한 송이가 작품이 될 수 있다. 또 그림을 쉽게 그리는 방법을 누군가 알려준다면 조금 더 수월하게 그림을 그려내듯 꽃도 같은 맥락인 것 같다.

꽃에 어떻게 의미를 담을 수 있고 다시 플라워 디자인으로 풀어낼 수 있는지를 배우고 최고의 결과물을 얻기 위해 어떤 꽃을 선택해야 하는지, 어떤 과정으로 만들어 가면 좋은지를 배우게 된다면 이전보다 꽃이 쉽게 다가올 것으로 생각된다.

그런 의미에서 꽃에는 답이 있다고 본다.
나만의 정답을 찾게 된다면 생각보다 꽃이 쉽고 더욱 재미있다는 것을 느끼게 될 것이다.

이미 아름다운 꽃을 가지고
아름답게 만드는 것은 정말 쉬운 일이 아닐까?
세상에 많은 예술가 중에
플로리스트는 가장 아름다운 소재로 작품을 만든다

세상에서 꽃이 가장 쉬워요

수능시험을 전국에서 1등 한 학생이 "공부가 가장 쉬웠어요"라고 말하는 것을 들은 적이 있다. 난 공부를 잘하지 못했지만 그게 어떤 느낌인지 알 것도 같다. "세상에서 꽃이 가장 쉬워요"라고 말할 수 있으니까.

공부도 마찬가지라고 생각을 하는데 무엇이든 한 분야를 오랫동안 깊숙하게 파고들다 보면 어떤 경지에 이르게 되고 그 경지에서 보이는 공식 같은 것이 있다. 나는 그 공식을 찾았고 누구나 꽃을 좀 더 쉽게 할 수 있었으면 하는 바람으로 조금씩 그 내용을 정리해 보려고 한다.

생각만큼 꽃은 아름답고 생각보다 꽃은 단순하다. 이 기본 원리를 이해하고 꽃을 진정 사랑하는 마음만 있다면 누구나 꽃을 하나의 놀이로 생각하는 경지에 이르게 된다고 생각한다. 그런 의미에서 나만의 꽃놀이 방식을 공유해 보려고 한다.

　레시피를 만드는 작업이 쉽지는 않았다. 내가 어떤의도를 가지고 무엇을 전달하고자 하는지를 파악한다면 그대들은 이 책을 통해 많은 것을 얻을 수 있다고 생각한다.

생각만큼 꽃은 아름답고 생각보다 꽃은 단순하다. 이 기본 원리를 이해하고 꽃을 진정 사랑하는 마음만 있다면 누구나 꽃을 하나의 놀이로 생각하는 경지에 이르게 된다고 생각한다.

1

2

3

1. Centerpiece design

스노우베리의 떨어짐을 이용하여 디자인, 화기에서 꽃들이 쏟아져 나오는 느낌으로 흔한 꽃들과 단순한 색 조합으로도 컨셉을 잘 잡으면 아름다운 센터피스를 만들 수 있다.

2. Bouquet

오로지 내가 좋아하는 컬러의 조합으로 장미가 아닌 거베라가 주인공이 되어 소박한 듯 내추럴한 꽃다발이 완성되었다.

3. Wedding bouquet

화려한 꽃은 힘을 빼고 소재의 느낌을 최대한 살려 부케 디자인을 했다. 평소에 보던 부케의 느낌에서 벗어나니 더욱 자연스러운 부케가 완성되었다.

앞으로 모든 분야에서 호기심을 가지고
무한대로 상상하는 사람이 성공할 것이다

호기심과 상상력

나는 유년시절 공부로 특출난 아이는 아니었지만 사차원이라는 말을
들을 정도로 사람들 사이에서 특이한 아이로 통했다. 지금 생각해 보면
옆집에서는 저녁 반찬으로 뭘 먹는지가 궁금하고 엄마가 오늘은 어떤
하루를 보냈는지가 듣고 싶었다.

교회 오빠가 언제부터 기타를 잘 쳤는지, 교회 언니는 어떻게 교회에
다니기 시작했는지가 궁금했고, 우리 오빠는 여자친구가 있는지 오빠가
여자친구와 주고받는 편지 내용이 궁금했다.

사람에 대한 호기심이 많았고 지금도 그건 바뀌지 않았다. 다른 사람들의 일상과 생각이 나와 다름이 재미있었던것 같다. 또 나는 상상을 통해 세상에 없는 무언가를 만들어 내는 것에도 흥미를 느꼈다.

초등학교시절 미술 시간에 <포장지 디자인>이라는 주제로 예쁜 포장지를 포스트 물감으로 표현하는데 나는 포장지의 그림보다는 텍스처에 신경을 써서 물감을 부분적으로 아주 두껍게 칠했다. 아무도 하지 않았던 입체 포장지를 만들어 선생님을 감탄하게 했다. 대학교 때 사계절을 그림으로 표현하는데 모두 날씨를 그림으로 그렸지만 나는 사계절을 사람의 표정과 의상으로 표현했다. 덕분에 교수님 눈에 들어 아이들 교구와 교재 제작하는 일을 도와드렸던 경험이 있다.

마찬가지로 꽃을 하면서도 상상을 하고, 이런 상상하는 시간을 나는 즐긴다. 상상이 현실이 되는 순간의 짜릿함을 맛본 사람은 알 것이다.

항상 주어진 모든 것을 있는 그대로 받아들이기보다
왜? 다른 방법은? 그게 최선일까? 또 뭔가 있을 것 같은데?
더 경험이 필요하지 않아? 더 배움이 필요하지 않아?'

꽃집을 운영하면서도 매일 밤 10시쯤 베개를 베고 누어서 상상을 한다. 새벽 두 세시가 훌쩍 넘도록 내 머릿속 이야기가 너무 재미있다. 내 머릿속 이야기를 현실에서 작품으로 끌어내고 싶어진다.

2

3

4

1. **Vase design**
   아기 기저귀를 워터젤리로 사용해서 어렌지
   한 디자인

2. **Vase design**
   제리뿌를 사용해서 어렌지한 디자인

3-4. **Vegetable on the dish**
   고추와 콩 야채등을 이용한 플라워 디자인

5

6

7

8

5-6. Directing Moana's birthday party
화관 쓴 모아나의 생일파티를 연출

scan me

7. Barbie doll flower dress
꽃으로 바비인형 드레스 만들기

8. Elsa Dress with Artificial Flower
조화꽃으로 엘사 드레스 만들기

9. A bouquet of feathers
깃털 소재를 이용해 발레리나 공연을 위한 꽃다
발 디자인

10. Water jelly in a clear glass bowl
투명 유리볼에 워터젤리를 넣고 물감을 희석해 옥
색 화기 만들기

11. Korea paper Packaging Design
창업반 학생들과 한지를 이용해 자신만의 포장
지 디자인

12-14. Idea Design
　　용돈기능을 더한 미니화환 디자인

15

16

17

15-17. Character design using Pompon Chrysanthemum

풍풍(폼폰)국화를 이용한 캐릭터디자인

18. Idea Design
　클레이로 만든 케이크에 워터픽을 사용
한 생화 웨딩케이크

19. Idea Design
　스퀘어형태로 만든 리얼 꽃케이크

About Flower Recipe Note...

나는 꽃을 만질 때 무한 상상을 한다.

사람마다 가지고 있는 삶의 환경과 경험이 다르고 이 다른 경험들이 다른 이야기를 만들어 낸다. 그래서 우리가 만들어 내는 꽃은 모두 다를 수밖에 없다. 신기하게도 꽃은 만지는 사람을 닮아 있다. 플라워 레시피 노트에서는 총 8가지 작품을 통해 평소 내가 꽃을 디자인하는 방법과 나름의 노하우를 보여 주고자 한다.

작품을 만들 때마다 무엇보다 중요하게 생각하는 부분과 스스로 상상하며 표현해 나가는 방법을 담아 보았다. 그 모든 과정에 경험이 바탕이 된다. 섬세하고 풍부한 감성을 가진 사람이 다양한 경험을 바탕으로 무한 상상을 통해 작품으로 구체화해 나간다면 분명 좋은 결과물을 얻는다고 믿는다.

8가지 주제로 구성된 Flower Recipe Note는 내가 꽃을 디자인할 때 중요하게 생각하는 각자의 꽃에 대한 생각들이다.

주제

↓

내가가진경험

↓

미션

↓

상상하기

↓

작품완성의 과정

Flower Recipe Note

"꽃에 의미 부여하기"

꽃을 선물 할 때는
선물하는 사람의 마음을 담는 것이 중요하다.
그냥 평범한 꽃에 의미를 담는 순간
그 꽃은 그냥 단순한 꽃이 아니라
마음을 전달하는 중요한 임무를 가지게 된다.

내 의지와 상관없이 노란 봄은 때가 되면 오겠지요
추운 겨울을 잘 견디고 예쁜 꽃을 피우겠지요
내 마음의 봄날은 그대가 오는 날이 봄날입니다

때가 되면
봄이 온다고 했나요?

내 몸은 겨울인 듯 두꺼운 옷으로 온몸을 감싸고 있는데 나의 정원에
는 봄이 오기 시작했다. 수선화의 연두색 싹이 올라오더니 밤사이 노란
아기별 꽃이 활짝 피어났다. 정원은 달콤한 꽃향기로 가득하고 작년 땅
속에 그대로 두었던 무스카리가 몇 배로 번식하더니 파란색 작은 동산
을 이루었다. 뒤늦게 콩나물 크듯 쑥쑥 자라는 튤립은 봄의 축제를 열
듯 알록달록 화려함을 제대로 뽐낸다.

완연한 봄이다.

추운 겨울을 잘 견디고 나의 정원에도 봄이 왔다. 마음의 봄도 이렇게
때가 되면 온다는 약속을 주면 얼마나 좋을까? 막연한 기다림은 아니라

고 믿기에 오늘도 내일도 봄을 만날 준비를 한다.

나에게 봄날은, 다른 사람을 위한 축제가 아니라, 내 몸과 마음이 온전하게 내 것이 되어 쉽게 식지 않는 온기와 나만의 향기를 가지고 오늘 하루가 평온함으로 채워지는 것이다.

여름의 뜨거운 태양도 기꺼이 받아 줄 수 있고, 싸늘한 가을도 나의 편안함으로 물들이고, 온기를 잃은 겨울은 새하얀 눈으로 가득 채워 모두의 마음을 따뜻하게 잡아 줄 수 있는 두 손과 포근한 가슴을 가지게 된다면 나에게 봄날이 온 것이다.

내 마음에 봄이 온다는 것은 평온함 그대가 온다는 것이다.

Subject 1

봄날
선물 하기 좋은 꽃다발 만들기

내 마음에 봄날이 왔듯 당신에게도 행복한 봄날이 오기를 바라는 마음을 담아 꽃다발을 만들어 보려고 한다. 꽃을 선물 할 때는 선물하는 사람의 마음을 담는 것이 중요하다. 그냥 평범한 꽃에 의미를 담는 순간 그 꽃은 그냥 단순한 꽃이 아니라 마음을 전달하는 중요한 임무를 가지게 된다.

Imagining

추운 겨울을 잘 견디고 땅속에 심어 둔 구근에서 피어난 꽃을 떠올려 본다. 이른 아침 구근에서 꽃을 절화하고 충분히 물 올림 한 후, 꽃다발 디자인을 상상한다. 세상에 태어난 아기를 가장 깨끗하고 순결한 흰 수건으로 감싸 주듯 흰색 종이 포장지로 꽃을 소중하게 감싼 후 자연 소재의 라피아 끈으로 가볍게 묶어 준다. 봄꽃처럼 그대의 마음에도 때가 되면 향기롭고 예쁜 꽃을 피우기를 바라는 마음을 담아 본다.

Free Scetch

Teacher's advice _ 꽃에 의미를 부여해 그대만의 꽃다발을 디자인 해 보세요. 꽃에 의미를 담는 순간 평범한 꽃이 아니라 마음을 전하는 중요한 임무를 가지게 된다.

Making flower bouquets
that are good for spring presents

Flower Recipe Note

"꽃에 희망적 의미 담기"

꽃에 감정을 담을 땐 슬프고, 어둡고, 부정적인 마음을 담기보다
아름답고, 행복하고, 긍정적인 방향으로 슬픔도 승화시켜야 한다.
꽃으로 희망적인 의미를 전할 수 있도록 해 보자.

홀로 되어 쓸쓸한 마음이나 기분은 나에게 도움이 되지 않는다
외로움의 시간을 힘들게 생각하지 말자

외로움
loneliness

젊은 나이에 홀로 되신 엄마는 새벽부터 일터로 나가셨고 나보다 먼저 훌쩍 커버린 오빠는 남자라 그런지 집보다 밖을 더 좋아했던 것 같다. 나 혼자 집에 남겨진 시간이 많았고, 혼자 많은 것을 결정하고 감당해야 했기에 홀로 됨에 익숙해질 만도 한데 마흔이 넘어서도 혼자라는 시간이 참 어색하게 느껴진다.

혼자가 되는 게 왜 그렇게 싫었을까?

딸처럼 아끼는 서진이가

"이모 저 토마토 키워 볼래요"

'그래? 그럼 토마토랑 바질도 같이 키워봐'

"왜요?"

'혼자는 외롭잖아, 화분이 두 개면 좋을 것 같아'

그리고 며칠이 지났다.

"이모 저 햄스터 한 마리 키워 보고 싶은데 어떻게 생각하세요?"

'한 마리는 외롭잖아, 두 마리 키우는 게 어때?'

"이모는 둘을 좋아하는 것 같아요"

'혼자는 외롭잖아'

그러고 보니 내가 가장 좋아하는 숫자가 '2(둘)'라는 숫자이다. 혼자라는 건 늘 외롭다. 사람은 소통하며, 좋은 일도 힘든 일도 나누면서 살아야 한다고 아주 어릴 적부터 생각하며 성장한 것 같다.

외로움이라는 단어를 적어 보았다.

홀로 되었다고 나처럼 누구나 외롭다고 느낄까?

다른 이와 함께 한다면 외롭지 않을까?

/풍요 속의 빈곤/

이라는 말처럼 사람들 속에서도 외롭다 느끼는 사람도 있잖아.

그러고 보면 외로움이라는 감정은

옆에 존재하는 사람의 유무로 결정할 부분은 아닌 것 같다.

외로움이란, 사전적 의미처럼 "홀로되어 쓸쓸하고 고독한 마음"으로 부정적인 방향으로 바라볼 것이 아니라 이 감정을 당당하게 받아들이고 외로움의 감정을 즐긴다면, 불행한 단어는 아니라는 생각이 들었다. 홀로 우뚝 서 있는 나무 한 그루가 멋져 보일 수 있고, 꽃병에 꽂힌 한 송이 꽃이 더욱 매력적일 때가 있다는 것을 새삼스럽게 마흔이 되어 느꼈다.

Subject 2

외로움에 힘들어하는
친구에게 주는 꽃바구니

꽃에 감정을 담을 땐 슬프고, 어둡고, 부정적인 마음을 담기보다 아름답고, 행복하고, 긍정적 아름다움으로 슬픔도 승화시켜야 한다. 꽃으로 희망적인 메시지를 전할 수 있도록 의미를 부여하자

Imagining

외로움이라는 감정에 희망적 의미를 담아 꽃으로 표현하려면 어떻게 해야 할까? 홀로됨을 표현하기 위해 한 송이 꽃을 우뚝 세우고 키가 작아 잘 보이지 않지만 알고 보면 닮은 친구가 옆에 있는 느낌으로 낮게 같은 꽃 한 송이를 더 꽂는다. 바구니에는 이 두 송이 꽃만 있는 것이 아니다. 당장은 의미가 없는 것 같지만 작고 소중한 꽃들로 가득 채워보자 혼자인 듯 보이지만 혼자가 아니다. 꽃들은 거의 색감이 없는 꽃들로 미래를 기대하는 모습이다. 우뚝 선 한 송이 꽃은 흰색 꽃으로 앞으로 어떤 컬러로 변할지 기대가 되는 마음을 담아 본다. 모두가 그녀를 응원하고 있다.

"당신은 혼자가 아니다"

희망적인 메시지를 담은 꽃바구니로 완성 시킨다.

Free Scetch

Teacher's advice _ "외로움"의 단어를 아름답고 긍적적인 느낌으로 표현한 작품을 만든다면,
그대는 어떻게 디자인 했을까?

195   *part 3*

Flower Recipe Note

"꽃 작품으로 메시지 전달하기"

꽃으로 단순한 의미뿐만 아니라
하나의 예술 작품으로서 메시지를 전달하는 가치를 가진다.
플로리스트도 예술을 하는 사람이다.

지금의 힘든 상황은 꼭 너에게 필요한 시간이었던 거야
시간이 흐르면 너도 알게 될 거야
깨달음에는 희생과 인내의 시간이 필요해

괜찮아!
좋은 일이 생길 거야

항아리에 가득 채웠다고 생각했던 금은보화가 한 번에 사라지는 경험을 한 적이 있다. 어쩌면 이 일은 단순하게 운이 안 좋거나, 작은 실수로 일어난 일이 아니라 어쩜 필연적인 상황일지도 모른다.

가령 항아리가 깨져 있는지 모르고 금은보화를 채웠을지도 모르고 항아리가 놓인 바닥이 울퉁불퉁 고르지 못했을 수도 있다. 몰랐던 변수가 분명 있을 것이다. 누구나 문제점을 처음부터 발견하지 못할 수 있다. 애초에 하나부터 열까지 신경을 써야 하는 것은 당연하지만 사람이기에 실수할 수 있다고 생각한다. 중요한 것은 사람이기에 같은 일로 실수하지 않도록 문제를 찾아야 한다.

난 사랑하는 사람을 잃고 가슴 아파한 적이 있다. 평생 같은 길을 두 손 꼭 잡고 함께 갈 것이라 생각 한 사람을 떠나보낸 뒤에 다시 지난 시간을 돌이켜 보았다. 난 항아리에 채우고 있는 것이 무엇인지도 모르고 뭐든 가득 채우려 했던 것 같다.

정신없이 흐르는 시간을 항아리에 담는다. 어느 순간 허탈해졌다. 채우지 말아야 할 나쁜 기억들까지도 버릴 새도 없이 모두 담은 것이다. 좋은 것, 예쁜 것, 소중한 것만 담지 못한 것에 대한 후회로 항아리에 담긴 것을 쏟아 내었다. 쏟아 내고 보니, 그 속에는 금은보화로 가득 한 것이다. 향기로운 꽃들이 쏟아져 나온다.

독 안을 볼 수 없었기에 그것이 행복인지 미처 몰랐다. 하지만 이미 쏟아진 물은 다시 담을 수 없기에 후회하고 있는 것은 의미가 없다. 이제야 생각해 보면 내가 성장하기 위해 꼭 필요했던 과정이며, 앞으로는 내가 만든 독을 깨는 일이 없도록 내면을 잘 들여 다 볼 것이다.

Subject 3

꽃으로
추상적인 예술 작품 만들기

힘든 상황은 성장하기 위해 누구에게나 필요한 시간이며 그 시간이 지나면 좋은 일이 생길 거라는 희망적 메세지를 전달하려고 한다. 메시지 전달을 위한 작품을 만들어 보자.

Imagining

긴 시간 동안 안이 보이지 않는 독 안에 미움과 아픔으로 가득 채운 줄 알고 모두 쏟아 내 버렸는데 그 속에는 아름다운 꽃이 한가득 있다. 모든 것이 다시 오지 않을 시간과 추억이다.

아프고 힘든 경험 또한 새로운 도전을 하기 위한 희망으로 생각하고 보이지 않는 독을 눕혀 놓고 꽃이 쏟아져 나오는 모습을 표현해 보자. 향기로운 꽃으로 물결치듯 아름답게 표현한다.

항아리는 보이지 않던 나의 내면을 나타내고 쏟아지는 꽃은 드디어 겉으로 표출되는 나의 진정한 모습이다. 이 작품을 통해 다른 사람도 자신의 내면을 끄집어낼 수 있는 진정한 용기를 가졌으면 한다.

작품을 통해 슬픔이 느껴지든, 기쁨이 느껴지든 감상하는 사람의 몫이다. 나는 물결치며 나오는 아름다운 것들에 대해 상상하며 흐르는 물에 방향과 순간순간의 부피감과 아름다운 색감을 잘 표현하면 된다.

Free Scetch

Teacher's advice _ "괜찮아, 좋은 일이 생길거야" 라는 제목으로 그대들도 가치 있는 예술 작품을 만들어 보자. 그대의 작품을 감상하는 이로 하여금 다양한 감정을 이끌어내 보자.

203   *part 3*

Flower Recipe Note

"작품의 스토리 만들기"

익숙하지 않은 오브제를 사용하여 작품을 만들 때는
오브제와 꽃을 연결 시키는 스토리를 만들어 보자.
어느 때보다 많은 상상력을 요구하게 된다.

새를 새장에 두는 것은
새를 안전한 곳에서 보호하는 것이 아니라
새의 진정한 삶을 억제하고 가두는 것이다
새가 세상 밖으로 날아가기를 원한다면 빗장을 열어 보내 주어라

세상 밖으로

꽃집을 운영하다 보면 장사가 잘 되는 날과 힘든 날의 기복이 심하다는 것은 누구나 경험하는 꽃집의 패턴이리는 것을 알고 있다. 큰돈을 벌고자 시작했던 일은 아니지만, 이 분야에서 최선을 다한 결과로 감사하게 과분한 사랑을 받았고 아이들도 키우고, 집도 사고, 좋은 사람들도 많이 만났다.

10년이라는 긴 시간 동안 하나의 장사를 잘 해 왔다면 이미 자리를 잡았기에 그런 꽃집을 닫는다는 것은 힘든 결정이지만 그렇다고 심각할 필요는 없다. 그냥 나 자신에게 솔직해지면 가능한 일인 것 같다. 나에게 용기 있는 질문을 던져보았다.

"정말 꽃집 일이 좋니?"

"정말 꽃집이 계속하고 싶어?"

"꽃집에 있을 때 가장 행복하니?"

'아니! 나 사실 꽃집이 하고 싶지 않아 왜냐면 꽃을 좋아하지만

꽃을 판매하는 일은 아직도 두려워 10년을 했는데 난 손님이 두려워

꽃집으로 들어서는 손님이 반갑지가 않아.'

질문에 솔직한 답을 했다. 인스타그램과 같은 SNS를 보고 내 꽃이 좋아 오시는 분들은 처음부터 잘 알 던 사이처럼 다정하다. 우린 서로에게 마음이 열려 있다. 정보 없이 오프라인 가게로 오는 손님들은 경험이나 관점의 차이로, 또는 다른 취향의 문제로 불만이 생기는 경우가 종종 있다.

"생각보다 사이즈가 작아요."

"이거 시든 꽃 아닌가요?"

"제가 원했던 색감이 아니에요."

"다른 곳에서는 이렇게 안 하던데."

그래요. 그래서 나 꽃집 안 하고 싶어요. 10년 했는데도 손님이 힘든 거면 나 이제 그만해도 되지 않을까요? 지금 와서 포기하는 게 아니에

요. 내가 꽃집 일을 어떻게 해서든 하고 싶었다면 방법이 보였겠지만 이렇게 핑계만 늘어놓는 것 보면 난 정말 그만두고 싶은 게 맞다. 난 이제 용기 내어 꽃집을 닫으려고 한다.

Subject 4

새장을 사용하여
작품 만들기

새장이라는 새로운 오브제를 사용하여 아름다운 꽃 작품을 만들어 보자

Imagining

새장을 보고 있으니 답답한 생각이 든다.

꼭 나를 그 안에 가둔 것 처럼...

새장의 꽃 작품은 내 마음을 그대로 표출한 작품이다. 새는 새장 안이 불편하다. 새장 밖으로 날아가고 싶다. 빗장을 열고 날아간다는 것은 더는 보호받지 못한다는 두려움이 있지만 분명 새의 용기는 더욱 아름다운 세상을 보고 더 높게 날 수 있는 희망을 얻게 된 것이다.

새 대신에나가고 싶은 마음을 꽃으로 표현 해 보자. 꽃이 아름답게 피어나기에 새장 안은 깝깝하기만 하고 좁다. 밖으로 나가고 싶은 꽃의 모습을 자유스럽게 표현해 보자. 새장 밖으로 자유롭게 뻗어 나간 꽃은 더욱 아름다운 세상을 만날 것이다.

Free Scetch

Teacher's advice _ 여러분이 새장을 이용해 디자인을 한다면, 그대가 가진 어떤 경험을 떠올려 디자인 할 것인가요? 어떤 스토리를 만들 것인지 메모해 보세요.

Making flower bouquets
that are good for spring presents

Flower Recipe Note

"꽃에 리듬감 주기"

꽃에도 음악처럼 리듬감을 주자.
발랄하게 높낮이를 주기도 하고
잔잔하게 큰 변화 없이 흘러가도 좋다.

심심해서 졸리다는 느낌이 든다면
갑자기 빠른 템포를 주어도 좋고, 엇박자도 재미있는 표현이 된다.
내가 오늘 어떤 느낌으로 연주하고 싶은지 미리 구상해 보자.

내가 변한 게 아니라 세상을 보는 관점과
시야의 크기가 달라졌을 뿐이야

사람은 변하지 않아

"선생님~ 안 본 사이에 변했어요!"

'내가?'

"많이 편해 보여요"

'내가 다름을 인정하기 시작했거든'

오랜만에 만난 학생이 내가 변했다고 느낀 건, 아마도 네가 틀리고 내가 맞다가 아니라 너와 나는 다를 수 있다는 것을 알고 그것을 인정하기 시작하고서부터 모든 것을 바라보는 시선이 달라지지 않았나 싶다. 나는 왜 이 모양일까를 속상해 하면서도 다른 사람 앞에서는 아닌 척 거짓으로 포장하던 것에서 나도 인간이니까 실수 할 수 있음을 인정하고 그 모습 또한 내 모습으로 보듬어 주기 시작하면서 차츰 달라졌다.

어느 날, 플라워 샵을 운영 중인 학생이 말했다.

"여기 꽃집은 안 예쁜데 장사가 잘 되요. 높낮이가 하나도 없어요."

'그래서?'

"안 예쁘잖아요!"

'난 예쁜데! 몽글몽글 동그란 느낌이 사랑스러운걸? 네 생각이 틀렸다는 게 아니라, 넌 그렇게 생각 할 수 있지만, 다른 사람은 다르게 생각 할 수도 있다는 거야. 그걸 인정 해 줬으면 좋겠어. 어쩜 그걸 매출이 증명 해 주고 있잖아'

높낮이가 없음이 단정하고 사랑스러울 수 있고, 높낮이의 과감함이 생동감 있고 네츄럴 할 수 있으며, 한번쯤 포인트로 한 두 송이 업 되면 재미있는 디자인으로 이목을 끌 수도 있다. 만든 사람이 그렇게 표현한 그만의 이유가 있다면 난 그 가치는 충분하다고 생각한다.

어쩌면 처음 꽃을 바라봤을 때의 단순함처럼 꽃이라는 이유만으로 그 가치가 충분 할 수도 있다. 스스로 어떤 틀을 만들고 그 틀 속에 꽃이든 생각을 가두지 말자. 생각의 틀을 깨고 나오면 우린 더욱 자유로운 세상을 만날 수 있다.

분명 생각이 변해야 한다.

Subject 5

프로포즈
꽃다발 만들기

꽃의 리듬감보다는 둥근 형태와 장미꽃 30송이라는 것에 더욱 집중하여 프로포즈 꽃
다발로 감동 줄 수 있는 꽃다발 만들기

Imagining

　　20대에게는 러블리한 분홍장미가 더 잘 어울릴 듯 하고 30대 프로포
즈에는 조금 더 완숙하고 세련된 빨간 장미가 잘 어울릴 것 같다. 하지
만 너무 빨간 장미보다는 속은 하얗고 겉은 빨간 투톤장미는 어떨까? 일
반적으로 프로포즈 꽃다발 하면 평소 기념일에 선물하던 믹스 된 꽃다
발 보다는 장미꽃 위주의 웨딩 부케처럼 둥근 형태를 더 선호하기에 살
짝의 높낮이만 주고 둥근형태로 만들어 본다.

　　포장지는 프로포즈라고 하여 너무 화려한 컬러 보다는 연한 베이지
컬러로 톤다운을 시켜주고 이 컬러는 고급스러움과 편안함을 더해줄 것
이다.

　　여성스럽게 여러장 겹쳐서 드레스 분위기를 만드는 것도 좋겠다.

　　리본은 심플하게 포장지 컬러와 같은 컬러로 마무리!

　　상상만 해도 좋다.

Free Scetch

Teacher's advice _ "A Whole New World Live 'Aladdin (Violin, Cello, Piano Cover) -
LAYERS (알라딘) 레이어스 커버 Disney 디즈니" 음악을 듣고 음률을 꽃다발로 표현해보자

난 꽃으로 예술을 하는 플로리스트입니다   222

Making flower bouquets
that are good for spring presents

Flower Recipe Note

"시각을 시각예술로 풀기"

우리는 꽃을 어떤 형태로 디자인을 해야 할까? 많은 고민을 한다.
쉽고 가장 단순한 형태인 둥근 모양을 기본으로 하지만
동그라미, 세모, 네모, 하트 모양 뿐만 아니라 우린 눈으로 더 많은 세상을 보고 있다.

그림을 그리는 화가라면 아름다운 형태를 보고 그림으로 표현하겠지만
우리는 꽃을 만지는 플로리스트이기에
시각적인 형태를 보고 꽃으로 표현 해 보는 것은 어떨까?

눈으로 세상을 보는 것이 아니야
사람은 마음으로 세상을 본단다
그래서 보고 싶은 것만 보이는 거야

세상은 마음으로 보는 것

눈으로 보는 세상이 전부라고 믿었던 때가 있었다. 내가 직접 눈으로 보고 확인한 것이 사실이라고 생각했다. 루벤스의 <노인과 여인>이라는 작품이 있는데, 처음에 사람들이 이 그림을 보았을 땐 혀를 끌끌 차며 인상을 찌푸렸다. 하지만 이 그림에 관한 이야기를 듣고 모두 들 눈물을 흘릴 수 밖에 없었다. 노인은 투사였고 독재정권은 노인에게 잔인한 형벌을 내렸다.

/음식물 투입 금지/

딸은 해산한지 며칠 지나서 무거운 몸으로 감옥을 찾았다. 뼈만 앙상하게 남은 아버지를 바라보는 딸의 눈에 핏발이 섰다. 마지막 숨을 헐떡이는 아버지 앞에서 무엇이 부끄러울까, 딸은 죽어가는 아버지를 위해 젖을 물렸던 것이다. 내가 가진 편견의 눈으로 보면 부끄러운 일이었지만 편견을 버리고 세상을 보는 것이 진정으로 아름답게 세상을 보는 것이다.

내가 보는 눈은 이미 수많은 편견에 사로잡혀 세상을 제대로 보지 못한다는 것을 알아야 한다. 그것에서부터 시작인 것 같다. 내가 보는 이것이 사실이 아닐 수도 있다는 것을 알아차리는 것 말이다.

동시에 똑같은 장면을 보고도 사람마다 다른 해석을 하는 것을 보면 이해가 될 것이다. 사진 속 새의 한쪽 다리가 안 보이는 상태라고 가정을 한다면 경험에 따라서 새를 보고, "한쪽 다리를 사고로 잃었구나" 라고 말하는 사람이 있을 것이고, "한쪽 다리는 위로 숨겨서 안 보이는구나" 라고 판단하는 사람도 있을 것이다. 또 어떤 사람은 "사진이라서 겹쳐져서 보이지 않을 뿐이지 딱 반대쪽에 다리가 있어!" 라고 말하는 사람도 있을 것이다.

모두 자신의 경험에 비춰 마음으로 보고 이야기하는 것이다. 그래서 우리가 어떤 경험을 했고, 어떤 가치관을 가지고 사는지에 따라 세상은 달리 보인다는 것을 알아야 한다.

사랑으로 가득 찬 사람은 세상이 사랑으로 보이고, 미움으로 가득 찬 사람은 세상이 미움으로 보인다. 작가의 작품을 들여다 보면 그 속에 작가의 생각이 보이고 작가가 바라보는 세상이 보인다.

이처럼 누군가의 행복한 날, 좋은 날을 위한 꽃을 만드는 플로리스트의 마음가짐에 대해도 생각을 해 보면 좋겠다. 그 마음이 고스란히 꽃에 투영되어 나타나기 때문이다.

혹시 꽃을 만지기 전에 정말 우울한 일이 있었다면 크게 호흡을 가다듬고 오늘 행복해야 할 고객을 떠올리자!

"예쁜 꽃아! 네가 무슨 잘못이 있니!"

Subject 6

새의 형태를 감상하고
꽃으로 형상화해 보자

세상에는 아름다운 형태가 너무나 많다.
그중 자연 속에 살아 있는 새의 모양을 보고 꽃으로 표현 해 보자

Imagining

새의 모습을 상상해 보자. 자연 속에서 쉽게 접하기가 힘들다면 인터넷 자료나 책을 이용해도 좋다. 우아한 새의 정적인 모습도 좋고 커다란 날개를 펼쳐 날개 짓 하는 아주 동적인 모습도, 다리가 긴 학의 모습도 좋고 목이 긴 타조도 좋다. 특징이 있고 화려한 모습이라면

꽃의 형태도 더욱 특별하게 표현 될 것이다.

목은 길게 그렇다고 너무 길면 몸채와 동떨어져 부자연스러울 것 같고 날개는 살짝 뻗어 있으면 좀 더 동적인 느낌이 들것 같다. 생각해 보면 나의 작품이 새의 형상을 하고 있는 것이 많다.

Free Scetch

Teacher's advice _ 상상하는 새의 형상을 꽃으로 표현해 보세요.

Flower Recipe Note

"감정을 시각예술로 풀기"

시 한 편을 읽거나, 영화를 보고 느껴지는 감동을 꽃으로 표현하기도 하고
노래를 듣거나, 지금의 내 마음에 집중해서 보이지 않는 감정을
눈에 보이는 꽃으로 시각화하는 작업이다.

역으로 꽃 작품에서 그 감정을 다시
느꼈다면 최고의 감동이 될 것이며
당신은 진정한 예술가이다.

꽃 작업을 하나의 예술적 행위로 바라보고
꽃 디자인을 예술로 인정하기

꽃과 예술

우리는 예술을 왜 할까?

예술이라는 것은 삶에 기본적인 의, 식, 주가 해결해 주지 못하는 자아실현의 감성적인 욕구를 충족해 준다.

아름다운 것을 보고 싶어 하고, 아름다운 소리를 듣고 싶어 하고, 아름다운 것을 기억하고 소유하고 싶어 한다. 꽃은 아름다운 것을 눈으로 담고 싶어 하고, 사랑하는 사람에게 주고 싶은 감성적인 욕구를 자극하기에 충분하다. 거기에 황홀한 향기까지 가졌지 않는가. 세상에서 가장 아름다운 재료이기에 그 자체로 예술이라 말하고 싶다.

하지만 물감을 보고 예술이라 하지 않고, 작가가 물감이라는 재료로 의미를 담은 그림을 그리면 작품이 된다. 플로리스트도 꽃이라는 재료를 사용해 감사와 축하 그리고 사랑 등의 의미를 담아 작품을 만든다. 어버이날이 되면 부모님께 감사하는 마음을 전하기 위해 모정, 사랑이라는 꽃말을 가진 카네이션을 다른 소재와 리본으로 디자인하고 "어버이 은혜 감사드립니다."라는 메시지를 담아 부모님의 넓은 가슴에 달아드린다. 이내 두 사람의 마음에는 온기가 생기고 뭉클 해 지는 감동을 경험하게 된다. 이게 바로 예술이다.

꽃에 의미를 담아 디자인을 하고 그것으로 사람의 마음을 움직이는 것! 플로리스트는 작품을 만드는 예술가라는 것을 잊지 말자.

다른 예술가들도 그 시대에는 인정받지 못하는 경우가 많다. 플로리스트의 작품은 짧은 순간의 아름다움으로 남고 시들어 버리기에 다음 세대에 전해지지는 못하지만 사람들과 가장 가까운 곳에서 소통하는 예술가가 아닐까 싶다.

그대가 진정성을 담아 만든 꽃 작품은 손님의 마음에 가장 가치 있는 작품으로 남아 평생 기억될 것이다.

Subject 7

시 한 편을 읽고 느껴지는 감정을 꽃으로 표현하기

시 한 편과 마음을 담은 꽃을 헤어진 사람에게 선물하려고 한다.
시를 읽고 난 후 보낸 꽃을 보면 해당 시가 떠오를 만큼 시의 느낌을 잘 담아 꽃을 디자인하자.

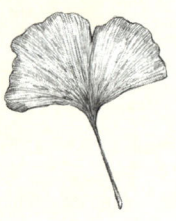

편지

- 김광진 -

여기까지가 끝인가보오
이제 나는 돌아서겠소
억지 노력으로 인연을 거슬러
괴롭히지는 않겠소

하고 싶은 말
하려 했던 말
이대로 다 남겨 두고서
혹시나 기대도 포기하려하오
그대 부디 잘 지내시오

기나긴 그대 침묵을
이별로 받아 두겠소
행여 이맘 다칠까 근심은 접어두오
오오 사랑한 사람이여
더 이상 못 보아도
사실 그대있음으로
힘겨운 날들을 견뎌왔음에 감사하오

좋은 사람 만나오
사는 동안 날 잊고 사시오
진정 행복하길 바라겠소
이 맘만 가져 가오

[출처] 김광진 편지 사연/가사

Imagining

김광진의 편지를 읽고 떠오르는 것들을 적어보자. 떠오르는 추억도 좋고, 감정도 좋고, 사람도 좋다. 느껴지는 모든 것들을 꽃으로 담아 하나의 작품으로 완성 해 보자. 작품이 되려면 자신만의 스토리를 먼저 만들어야 한다. 그 다음 꽃 선택을 위해 컬러, 선의 표현, 텍스쳐, 부피감 등을 정할 것이다.

나만의 스토리를 다 적은 다음 <QR코드>를 눌러 작가를 만나보자.

작가는 어떤 상상을 하고 스토리를 만들었으며, 어떤 방법으로 꽃 선택을 하고 작품으로 완성 시키는지, 모든 과정을 영상을 통해 지켜보도록 하자.

그리고 난 후, 여러분도 각자의 스토리에 맞게 꽃을 초이스하고 작품을 완성시켜 보자.

Free Scetch

scan me

Flower Recipe Note

"컬러도 감정을 가지고 있다"

플로리스트도 그날 기분에 따라 끌리는 컬러가 있듯이
인간은 색을 통해서 자신에게 필요한 에너지를 취하고자 하는
기본적인 본능을 가지고 있다.
컬러가 감정을 움직이는 힘을 가지고 있음을 이해하고
플로리스트가 그것을 자유자재로 활용한다면
우리는 고객이 더 깊은 감동을 할 수 있는
상품을 만들 수 있을 것이다.

한때는 아주 심한 색 편애자 였고
지금은 절반의 색만 좋아한다
하지만 일에 있어서는 모든 색을 사랑한다

제가 좋아하는 색은요?

꽃을 하면서 학생들에게 어떤 색을 좋아하는지에 질문을 받곤 하는
데 그 질문은 단순한 컬러에 대한 질문이 아니라 내 취향을 묻는 질문과
도 같다고 생각한다.

꽃을 직업으로 가지기 전엔 오로지 한 컬러 만 좋아했다. 핑크색! 동
호회 닉네임은 분홍립스틱, 정말 잘 바르는 립스틱도 분홍립스틱 잘 신
는 신발도 분홍색, 잘 입는 니트도 분홍색, 내 방에 벽지도 분홍색, 컴퓨
터 모니터도 핑크색으로 칠을 했다. 지금 톤 다운된 모든 컬러를 좋아
하고 꽃일을 하거나 인테리어를 하거나 색조합을 만들어야 할 때는 수
많은 색 중에서 가장 잘 어울리는 최선의 색을 골라내는 작업이 재미있
다.

색은 섞어서 하나의 컬러로 만들어지는 것도 예쁘지만 잘 어우러진 배열로 오로라와 같은 오묘한 컬러가 만들어지는 것도 아름답다 평균적으로 나는 꽃들의 컬러 배열이 자연스럽고 부드럽게 이어지는 것을 좋아한다. 원색의 사용을 피하고 주변 색 위주로 사용하면서 보색의 사용을 최소화하거나 피하는 편이다. 컬러 사용법이 내 성격과도 많이 닮아 있다.

COLOR's emotional story
컬러가 가진 감정이야기

컬러 마다 가진 에너지와 감정을 잘 이해하고 꽃에 활용 해 보자

 *RED*

- 사랑과 열정을 상징 레드 컬러는 무기력증과 우울증에 도움 된다.
- 자신감이 부족하거나 당당해지고 싶을 때, 밝은 모습으로 내 생활에 만족감을 느끼고 싶을 때 가까이하면 좋다.
- 레드를 좋아하는 사람은 삶에 대한 의지가 충만하고 열정과 투지의 성향이 강하며 지칠 줄 모르는 에너지를 소유하고 있다.

Red Flower

무감각하고 냉정하며 너무 생각이 많은 사람에게 빨간색을 권해주는 것이 좋다.
환자에게도 용기를 주고 신체적인 일을 시작할 수 있는 에너지를 준다.
보통 사랑하는 사람에게 강한 마음을 어필하기에도 좋기에 프로포즈에 많이 사용되고 나이가 들수록 빨간색을 좋아하는 경향이 있다. 또한 여자보다는 남자가 빨간색을 더 선호한다.
실제 여자들은 빨간 장미를 그렇게 좋아하는 편은 아니다.

 *ORANGE*

- 활기가 넘치는 오렌지 컬러는 자신감을 충전시켜주는 효과가 있다.
- 심리적으로 머리가 복잡하거나 발상의 전환이 필요할 때 사용하면 효과적이다.
- 오렌지를 좋아하는 사람은 사교성이 좋고 매사 밝은 성격일 확률이 높다.

Orange Flower

침울하고 우울한 사람에게 선물하면 기분전환에 도움이 된다.
무기력하고 모든 일에 관심이 없는 사람에게도 긍정적 에너지와 자신감을 줄 것이다.
단, 강한 공격성을 지닌 사람에게는 피하는 것이 좋다.
밝은 에너지가 느껴지는 오렌지 컬러만 대부분의 여성들은 진한오렌지색 보다는
파스텔톤의 살구색 꽃을 좋아한다.

YEllOW

- 태양 빛을 상징하며 따뜻함과 활기참을 나타내는 컬러다.
- 창의적 영감을 자극하며 지혜를 의미하고 의욕이 저하되고 결정 장애로 어려움을 겪을 때 가까이하면 좋다.
- 보통은 나이가 어릴수록 노란색을 좋아하고 노란색을 좋아하는 사람은 명랑하고 솔직한 성격을 지니고 있다. 반면, 시기와 질투, 거짓과 배반, 경고의 부정적 의미도 있어서 가장 모순된 색이라고도 한다.

Yellow Flower

노란색 꽃은 사람을 행복하고 즐겁게 만들어 준다.
더군다나 밝은 노랑은 활기를 주며, 마음과 정서의 기분을 넉넉하게 해 준다.
보통 아이들 꽃다발에 많이 사용하게 되고
보라계열 꽃에 살짝 포인트로 노란색을 사용하면 전체적으로 밝고 화사하게 보인다.
노란 개나리는 희망을 의미하고, 해바라기는 숭배 기다림의 의미가 있다.
노란튤립은 사랑의 표시라는 의미를 가지고 있다.
노란색이 이중적인 의미가 있듯 노란장미는 이별이라는 의미 동시에
변치않는 사랑, 완벽한 우정이라는 의미도 있다.

 *PINK*

- 달콤하며 행복을 안겨주는 컬러로 포근하고 온순한 기온을 느낄 수 있다.
- 여성에게 핑크는 연애와 모성애의 상징한다.
- 혼란한 감정 상태에 있을 때 사용하면 마음에 안정감이 생긴다고 한다.
- 핑크색을 좋아하는 사람은 자신을 신중하게 보호하기 때문에 강렬한 색을 선택하는 용기가 부족한 경우가 많다.

Pink Flower

핑크색 꽃은 사랑과 이해를 받고 있다는 느낌이 들게 해 준다.
따뜻하고 친밀한 컬러로 대부분의 여성들이 호불호 없이 좋아하는 컬러이며
부드럽고 안정감이 든다.
어떤 컬러의 꽃을 골라야 할지 어렵다면 쉽게 접근 할 수 있는 색이다.

●●●●● *BLUE*

- 이상의 색
- 신뢰와 영원, 평화를 상징하는 컬러로 긴장을 풀어주고 신경을 진정시키는 효과가 있다.
- 파란색을 좋아하는 사람은 뛰어난 지성을 갖췄으며 '진실한 영혼'의 소유자 라고 한다.
- 심리적으로 용기가 필요할 때 효과를 얻을 수 있다.

Blue Flower

남청색계열은 눈의 건강과 마음의 안정을 주고
하늘색은 광활함과 자유로움, 해방된 느낌을 준다.
남색은 마음의 편안함을 주는 역할을 하는데
blue컬러의 꽃이 다양하지는 않다.
수국, 히야신스, 델피늄, 니겔라, 용담, 옥시,
파란장미, 염색튤립, 염색안개꽃등이 있다.

 *PURPLE*

- 고귀함과 신성함을 상징하는 컬러로 호로몬 활동에 도움을 주며 신경질환, 스트레스, 창의력에 좋은 영향을 끼친다.
- 보라나 자주색을 좋아하는 사람은 섬세하고 뛰어난 취향을 가지고 있으며 허영심이 있는 반면에 보통 이상의 재능이 있고 예술이나 철학과 같이 고상한 일을 좋아한다.
- 창의력이 필요하거나 지친 상태일 때 긍정적인 영향 얻을 수 있다.

Purple Flower

불안감이 있는 사람에게 기분이 조정이 되며
호흡이 짧은 사람에게는 평온함과 편정심을 가지게 한다.
아그리나에서 손님들이 가장 선호하는 컬러이며
라벤더계열의 파스텔톤을 선호한다.
보라계열의 꽃 또한 흔하지 않기 때문에 보라와 블루를 믹스하거나
보라와 핑크색을 함께 사용하면 좋다.

 ## GREEN

- 생명과 편안한 안정감을 의미하고 긴장을 완화 시키거나 스트레스를 해소하는데도움이 된다.
- 그린을 좋아하는 사람은 사려가 깊고 민주적이며 대개 편견이 없는 경우가 많다.

Green Flower

심신에 균형과 조화를 주며 눈을 맑게 해 준다.
또한 마음에 편안함과 안정감을 주는 역할을 한다.
하지만 너무 과하게 초록을 사용하는 경우는 오히려 기분이 저하되고
우울한 성향에 빠지기 쉬우니 적절하게 사용을 권장한다.
녹색에 노랑을 섞으면 조금더 활동적인 느낌이 되며
녹색에 파랑을 섞으면 넉넉함과 느슨함을 얻게 된다.
플로리스트들은 대부분 초록소재를 디자인에 응용하며
취향이나 디자인에 따라 사용을 하지 않기도 하고
자연스럽고 편한 느낌을 주기 위해 상황에 따라 적절하게 사용한다.

 ***BROWN***

- 넓은 땅을 뜻하는 갈색은 겸손함, 소박함, 수수함을 상징하는 컬러다.
- 자연스러움과 편안함이 필요할 때 쓰면 좋고 고전적이며 클래식한 표현을 하는데 도움이 된다.
- 꽃다발을 만들고 브라운이나 갈색 포장지를 사용하면 땅처럼 꽃을 품어주는 안정감이 들고 꽃바구니 또한 브라운색계열이 자연스럽다.

Brown Flower

카페라떼장미나 카푸치노 장미와 같이 옅은 브라운계열 꽃은
빈티지함과 차분한 고급스러움을 준다.
꽃이 시든 후의 컬러 같이 보이기에 손님에게 간혹 오해를 살 수 있지만
좋아하는 수요 층이 늘고 있다.

 ## *WHITE*

- 여백의 색, 근본 색이라고 한다.
- 순수, 순결, 숭고, 긍정, 깨끗함을 상징하는 컬러로 마음에 안정감을 주고 긍정적인 생활을 하고 싶을 때 도움이 된다.

White Flower

순수,순결의 의미가 있듯 웨딩부케로 가장 선호되는 색이며
단정하고 깨끗한 느낌을 준다.
반면, 숭고의 의미로 장례식장에는 흰색 국화를 사용한다.
또한 흰색 장미는 존경, 순결, 매력을 뜻하며
흰색튤립은 실연의 의미를 가지고 있다.

Subject 8

힘들어하는
엄마를 위한 꽃바구니

50대 중반 엄마를 위한 꽃바구니로 요즘 폐경을 겪으시고 힘들어하는 엄마를 위한 기분전환 꽃 선물을 만들어 보자.

Imagining

여자로서의 상실감이 있으실 엄마의 마음을 헤아려 보자. 건강상으로나 심적으로나 힘드실 엄마를 위해 어떤 꽃을 선택하면 좋을까? 평소 꽃을 좋아하셨다면 좋아하셨던 꽃과 정성 어린 편지도 좋겠지만 엄마의 꽃 취향을 모르고 있다면 플로리스트의 역량이 아닐까 싶다. 엄마가 이런 변화를 가볍게 여기고 잘 이겨 낼 수 있도록 딸이 파이팅! 하는 마음을 꽃에 담아 보자!

컬러선택　　orang　　　　　　+　pink

우울한 엄마의 기분전환에 도움이 될 오렌지색은 긍정적 에너지와 자신감까지 가져다 줄 것으로 믿는다. 여기에 핑크색 컬러를 살짝 더해서 딸이 많이 많이 사랑하고 있다는 애정의 느낌을 더해 준다면 분명 엄마의 기분은 다시 꽃길을 걷고 있을 것이다 믿는다.

Free Scetch

Part 4

배고픈 예술가로 살 수 없어요

I can't live as a hungry artist

길을 잃었다면 더는 방향을 모르는 길을 가지 않는 게 좋다
그 자리에 서서 쉬었다가 길이 보일 때 움직여도 늦지 않는다
방향이 잘못되었다면 속도는 사실 의미가 없다

길을 잃다

꽃집을 그만두기로 하고 부동산에 꽃집을 내놓았다. 하지만 가야 할 길을 정하지 못해 나는 그대로 서 있다. 그동안 배우고 싶었던 것도 배우고 여행도 가고 맘이 편한가 싶다가 이내 불안해진다. 편해지고 싶었지만 길을 잃은 사람이 편하다는 게 말이 되는가.

'나 이제 뭘 하며 살지?' 꽃을 가르치는 일은 좋은데
'플라워 스튜디오를 할까?'
'그냥 돈을 벌 수 있는 다른 직업을 다시 찾아야 할까?'
진정한 나를 찾기 위한 많은 질문을 던졌다.

지금 나의 관심사가 무엇인지,

내가 무엇을 할 때 가장 행복한지,

누구와 함께 있을 때 행복한지,

내가 어떤 공간에 있을 때 가장 행복한지....

이미 늘 고민했던 질문들이지만 내 가슴을 다시 뛰게 한 질문이 있다. '내가 어떤 공간에 있을 때 가장 행복할까?'였다.

내 마음속의 답을 찾았다.

숨 쉬는 땅에서 사계절 다른 꽃들이 피어나고, 저마다 다른 새소리가 귀를 즐겁게 하고, 살랑이는 바람결에 꽃향기까지 전해주는 자연이 있는 공간이 좋다. 온전하게 본질적인 것들에 집중할 수 있는 시간을 가지고 싶다. 꽃들이 어떻게 자라고 어떤 꽃을 피우는지를 상상하며 하루를 보내고 싶다.

내 삶에 꼭 필요한 물건을 두는 것만 아니라
내가 하는 일에서도 내가 잘하고 좋아하는 일을 선택하고
사람 또한 나에게 소중한 사람을 옆에 두는 것이
진정한 미니멀리스트의 삶이다

미니멀라이프

요즘 미니멀라이프에 관심이 많다. 불필요한 것들을 물건에서 가려내고 정리하는 것뿐 아니라 내 인생에서도 본질적인 것에 집중해서 진정한 나의 본연의 모습을 찾기 위해 가려내야 하는 것에 대해 고민하고 있다. 그런 고민을 통해서 내가 행복해질 수 있다고 생각한다.

내가 정말 옆에 두어야 하는 사람은 누구일까?

내가 정말 좋아하는 일은 무엇일까?

나는 어떤 공간에 있으면 가장 행복할까?

이런 고민을 통해서 나의 본질에서 멀어지는 것들은 정리하고 본질과 가까운 것들은 옆에 두는 것이다.

이런 고민을 오래전부터 했다면 나는 지금보다 더 행복하지 않았을까 싶지만 걸러내는 과정을 위해서는 나를 알아가는 과정이 필요하기에 이전의 시간은 나를 알아가는 시간이라고 생각한다.

지금부터 나는 본질에 집중해서 살아 보려고 한다.

무엇을 시작하던
내가 누구인지를 아는 것부터 시작이다

Who are you

일반적인 사람들은 자신에 대해 얼마나 알고 있는지 모르겠다. 자신
에 대해 집중해서 생각하는 시간이 필요하다고 생각한다. 그래야 진정
내가 무엇을 원하는지 알고 선택할 수 있다.

가볍게는

나는 어떤 컬러를 좋아하는지,

산을 좋아하는지 바다를 좋아하는지,

혼자 시간을 좋아하는지,

사람들과 어울려 보내는 시간을 좋아하는지

에 대한 고민으로 시작해서

무슨 일을 할 때 가장 행복한지

어떤 공간에 머물 때 가장 편안함을 느끼는지

꽃으로 비유하자면

단정하고 깔끔한 디자인의 꽃이 좋은지

들꽃처럼 정리되지 않은 듯한 자유로운 느낌을 좋아하는지

크고 화려한 꽃이 좋은지

여리고 하늘하늘한 꽃이 좋은지

하나의 선택이 힘들다면 순번이라도 매길 수 있어야 내가 나아갈 방향을 정확하게 정할 수 있다.

많은 경험을 통해서 내가 좋아하는 것이 무엇인지 알 수 있고 그 속에서 싫어하는 것을 버리는 작업을 하면 결국에는 가장 나다운 내가 남는 것 같다.

난 10년간 꽃 일을 하면서 내가 진정 좋아하는 것이 무엇인지 알게되었다. 화려한 컬러 보다 채도가 빠진 듯한 컬러의 꽃이 좋고 크고 풍성한 꽃보다는 여리여리한 들꽃 느낌이 좋다.

꽃을 만들어 판매하는 일보다 학생을 가르치는 일에서 느끼는 행복감을 크게 느끼고 복잡한 도심보다 조용하게 식물을 키울 수 있는 자연 속 공간에서 내가 편안함을 느낀다.

나는 로드 샵을 정리하고 새로운 시작을 하려고 한다. 이제 진정으로 내가 하고 싶은 방향을 바라보고 걸으려고 한다. 그 길이 진정 나에게 꽃길이 아닌가 싶다.

처음부터 완벽한 그림은 없다
마음에 안 들면 수정해도 되고 처음부터 다시 그려도 된다

내가 그리는 그림

한 번도 그림을 그려 본 적이 없는 사람은 하얀 도화지에 점하나 찍는 것조차 두려울 것이다. 아니, 뭘 그려야 할지 모르기에 손에 작은 도구 하나도 집어 들지 못할 것이다.

사실 나도 뭘 그려야 할지 막막하다. 내가 그리고 싶은 그림은 뭘까? 다른 사람에게 보여 주고 싶은 그림이 아니라, 내가 평생 간직하고 싶은 그림...

내가 그림 속에 꼭 넣고 싶은 장면이나 색은 뭘까?

풀, 꽃, 치유, 평온함

그래 이 정도면 충분하다.

나머지는 그리면서 수정하고, 또 수정해 나가면 된다.

어느 순간 내 그림은 온전하게 나를 닮은 아름다운 인생이 되어 있을 것이다.

/새소리에 홀려

숲속으로 따라 들어간 소녀가 잠시 길을 잃었을까 염려스럽다.

한참을 울고 멍하니 있는가 싶더니

나무가 길이 되어 주고

꽃이 삶의 의미를 알게 해 주고

그렇게 새와 친구가 되어 행복하게 사는 그림이다./

세상에 그냥 얻는 것은 없다
만만치 않은 일에 두 손 두 발 들고 울고 싶더라

정원 가꾸기

꽃이 아무리 좋아도, 정원을 가꾸는 게 꿈이라고 해도 이건 너무 하잖아. 꽃에게는 햇빛이 필요하지만 난 알러지가 있는 탓에 햇빛이 무섭다. 식물에게 충분한 물이 필요하지만 매일 정원에 나가 물을 주는 일은 정말 버겁다. 땅의 양분을 다른 곳에 뺏지 않기 하기 위해 주변의 잡초를 정리하는 일에는 긴장감까지 든다. 불쑥불쑥 예고 없이 튀어나오는 지렁이와 사마귀, 엥엥 따라다니는 모기떼는 평생 친해질 수 없을 것 같다.

매일 밤 땅을 파헤치는 두더지와의 사투는 언제 끝날까 싶고 퇴근 후, 햇빛 알러지로 생긴 가려움과 풀독으로 생긴 상처와 모기 자국이 뒤엉

킨 내 피부를 보면 눈물이 난다. 그런 날은 힘내라고 응원하듯 늦은 밤, 조용히 비가 내린다.

내일은 정원에 나가지 않아도 된다. 비 오는 날은 하늘이 주는 선물 같다. 나를 대신해 온 땅을 촉촉하게 적셔주고 오랜만에 잎사귀의 묵은 때를 벗겨준다. 그렇게 비가 내린 다음 날 초록이들은 반짝반짝 얼굴에서 광이 나고 몸은 무슨 마법이라도 부린 것처럼 두 배로 커진다. 정원일을 만만하게 생각했던 건 결코 아니지만 아무런 보상 없이 이런 강도의 노동이 평생 된다면 견디지 못할 것이다.

참 신기하게도 힘들만하면 비가 내려 주고 힘들만하면 꽃이 피고 힘들만하면 열매가 맺히고 그리고 다시 정원이 그리워지는 겨울이 온다.

curiously
When it goes tired there's rainy
When it goes tired there's flowers bloom
When it goes tired there's bear fruits
And
winter comes when I miss the garden again.

자식은 부모를 보며 자라고
그때 이해가 되지 않던 많은 모습을 어느새 닮아가고 있다
서로 같은 것에 위로받고 마음을 나누고 있었다

엄마의 정원

어릴 적 정원을 가꾸는 엄마가 이해가 되지 않았다. 어디 맘 놓고 여행 한번 못 가시고 혹시나 1박 2일 집을 비우게 되시면 마당부터 옥상까지 하루 두 번 물을 주라는 당부를 하셨다.

대충 물주는 시늉만 하고 '엄마는 이 많은 식물을 왜 키우는 거야?'라며 도무지 이해가 되지 않는 듯 큰 한 숨소리 낸다. 물을 주는 내 감정이 마당의 아이들에게 고스란히 전달되었을 것이다.

엄마는 다 똑같아 보이는 철쭉도 컬러가 모두 다르다며 아침 장에 나가시는 날은 꼭 철쭉 한두 개를 사서 오셨다. 그렇게 마당을 채우더니 사람이 지나는 길까지 식물에게 양보하셨다. 그것도 부족하셨는지 옥상

까지 무거운 화분을 들고 오르내리신다.

좁은 계단을 올라야 하는 옥상은 물 주기가 쉽지 않다. 긴 호수를 낑 낑대며 끌고 올라가거나 파란 물 조리개에 물을 가득 채우고 아픈 팔을 털며 한두 번 쉬었다가 오르는 일을 열 번은 반복하고서야 끝이 난다.

찬바람이 불기 시작하면 저녁마다 얼어 죽지 않을까 걱정하시더니 학교 다녀오면 그 무거운 화분들은 거실 햇볕이 잘 드는 명당자리로 옮 겨져 있다. 나는 그런 엄마의 식물 사랑이 싫었다. 돈벌이에 쉴 시간도 부족하실 텐데 저리 힘들어 보이는 일을 왜 하실까. 사람이 있을 공간도 없는데 왜 거실을 식물로 채우실까.

그런데 참 신기하기도 하지....
내가 어느새 엄마를 닮아 있었다. 그리고 그때의 마음을 이제 이해할 것 같다.

힘든 삶을 살아온 엄마에게 식물은 위로가 되었을 것이다. 외로운 사 람들이 동물을 자기 새끼처럼 돌보듯 엄마는 식물을 애정을 담아 땀과 정성으로 키우고 그 마음을 알 듯 봄이 되면 예쁜 꽃들로 보답하는 아이 들이 얼마나 예뻤을까.

지금까지 나도 엄마와 같은 맘으로 꽃을 만졌던 것 같다. 아침에 눈을 뜨면 꽃이 보고 싶은 마음에 꽃 시장을 가지 않는 날은 출근 전에 엄마 집에 들른다. 엄마 집 정원으로 향하는 동안은 온통 설레임으로 가득하다.

'두어 달 전에 엄마가 뿌려놓은 씨에서 다알리아 꽃 몽우리가 가득 맺혔던데 오늘은 얼굴을 내밀었을까?'

'어떤 색으로 피어날까?'

'새순이 나오지 않아 걱정인 아이는 이슬비를 맞아 오늘은 작은 잎사귀 순이라도 나왔을까?'

그렇게 만난 엄마의 정원 식물들은 나를 흥분시킨다.

'엄마! 이건 뭐에요? 이렇게 작은 튤립이 있어요?'

"정말 사랑스럽지! 아는 사람이 구근을 줘서 심었더니 이렇게 예쁜 아이가 올라왔네."

엄마의 정원은 아침부터 행복으로 가득하다.

"수국 이것 좀 가져다가 꽃꽂이에 써"

'우와 수국 색이 너무 예뻐요. 조금만 잘라주세요.'

"많이 가져가도 된다. 저기 또 있어!"

그 순간 엄마와 나는 소통하고 있고 마음을 나누고 있었다.

내가 가는 길이 꽃길이라고 믿고 걷고 있다
하지만 막 씨앗을 뿌린 이 길이
언제 꽃이 피어 꽃길이 될지 아무도 모른다

내가 가는 길이 꽃길

오래전 꽃을 배우기로 하고 꽃집을 선택했던 것처럼 나는 정원에 땀을 쏟기 시작했다. 그렇게 2년이라는 시간이 흘렀다. 꽃의 시작이 단순한 끌림이라면 정원은 그렇게 시작된 꽃과의 오랜 인연과 내 삶의 가치관과 정말 내가 앞으로 하고 싶은 삶의 방향을 두고 고민한 결과이다.

하지만 슬프게도 나는 점점 지쳐가기 시작했다.

씨앗을 뿌렸는데 싹이 올라오지 않기도 하고 잘 키웠나 싶었는데 긴 장마에 뿌리가 썩기도 한다. 겨울을 견디지 못하고 얼어 죽는 아이가 있는가 하면 한여름 까맣게 타들어 가기도 한다. 언제 예쁜 꽃을 피워 꽃길이 될지 모르겠다.

호미를 집어던지고 싶다!

돈을 벌어야 하는 현실 속에서
아직도 꿈꾸는 소녀 같은 삶은 그 접점을 찾기 위해
치열하게 다투고 있다

이상과 현실 속에서 타협하기

내가 진정 원하는 것을 알고 있음에도 불구하고 현실을 부정하고 원하는 것만 할 수는 없다.

어릴 때부터 사회적 동물이라는 것을 깨달은 순간부터 우린 하나씩 그렇게 습득이 되어 왔고 어떤 사람은 원하는 것을 고민할 것도 없이 부모님이 알아서 손에 쥐어 주기도 하고 어떤 사람은 시작도 해보지 않고 일찍부터 포기하는 법부터 배우기도 한다.

난 어떤 경우일까?

어린 나이에 아버지께서 돌아가신 가정환경으로 엄마의 고생을 일찍부터 알게 되었고, 누가 시키지 않아도 스스로 책임감을 가지고 모든 결정과 선택 그리고 책임을 반복해 가며 성장을 한 것 같다.

10살 은미의 선택과 책임은 엄마에게 파마가 하고 싶다고 조르고 엄마가 허락해 주지 않자 몰래 미용실 가서 '엄마가 나중에 돈 주신 데요!'라고 말하고 머릴 하고선 엄마에게 잔소리 듣는 것으로 책임을 다하는 정도다.

대학생이 되면서 용돈은 받지 않아야겠다고 스스로 결정하고 이후로 다양한 아르바이트를 하며 엄마에게 손을 내밀지 않았다.

결혼을 하고 아이가 태어나면서 삶의 책임감이 돌덩이에서 바윗돌만큼 무거워진 것 같다. 아니 바윗돌이 아니라 돌산이라고 할 만큼 무거워졌다. 경기가 어려워질수록 사업이 힘들어질수록 무게감은 더해진다. 내 이상만을 꿈꾸며 살기엔 현실의 무게가 커진 시기가 온 것이다. 미리 안정적인 돈을 벌어 놨더라면 이상을 꿈꾸며 살 수도 있었겠지만 현실이 나를 봐주지 않는다.

나는 돈을 벌어야 한다. 내가 진정으로 좋아하는 일을 찾았지만 그것이 당장 돈이 되는 길이 아니고, 꽃길이 될 수 없다면 나는 조금 돌아갈 수밖에 없다.

그 타협점을 찾아야 한다.

속상해할 필요 없다. 분명! 접점이 있

을 것이다.

풀, 꽃 작업실을 열다

나는 지난 시간 동안 꽃과 풀을 통해 위로를 받았고 그 시간 동안 많은 사람들과 소통의 시간을 가졌다. 앞으로도 내가 좋아하는 것을 오랫동안 하기 위해 지금 이 순간에 감사하며 현실 속에 살기로 했다.

여전히 나는 꿈꾸고 있고 현실에 살고 있다.
그리고 나는 그 접점
꽃, 풀 작업실을 열었다.

Open

the grass and flower studio

인생의 리스

생화로 작품을 만들면 보통 1~2주 테이블 위에 놓고 볼 수 있지만 그 꽃을 버리지 않고 소중하게 잘 말려 리스로 만들면 오래도록 감상 할 수 있는 작품으로 남는다.

사람도 비슷한 것 같다. 하루하루 예쁘게 살아야 먼 날에도 이쁜 채로 남는다, 지금 내가 가진 것들에 집중하며 작은 재능 하나도 소중하게 여기고 감사하자.

지금 이 행복한 마음을
하루하루 채워 나가면,
언제 보아도 고운 자태를 가진
내 인생의 리스를 만들 수 있다.

난 크고 화려한 리스를 만들고자 함이 아니다.

딱 나와 나의 인생을 닮은 리스를 만들기 위해

오늘을 소중하게 살려고 한다.

EPILOGUE

에필로그

/비바람 불고 구름 많음 때론 화창함,
변화의 시간들로
더 강렬해지는 꽃과 같이
나의 삶도 단단해졌다.
이제 또 한 번 인생 1막 2장의 시작을
엮어가려 한다/

책을 낸다는 것은 꽤 가치 있는 일이다.
이번 책은 지난 14년간의 기록으로
나의 삶 자체가 그대로 담겨 있다
소소한 일상과 사랑하는 가족 그리고
나의 꽃 친구들 이야기,
직업을 통한 성장과 가치관의 변화,
예술로 이어지는 꽃작품 작업 등...
그렇게 지난 나의 인생은 멋진 리스가 되어
한 권의 책으로 남았다.

그대들도 그대를 닮은 그대만의 아름다운 리스를
꼭 완성하길 바란다.

이제 두 번째 인생 리스를 만들기 위해
오늘 하루를 잘 살고, 또다시 기록한다.

-플로리스트 여율(餘建) 정은미

THANK YOU
&
SEE YOU SOON....

인생 리스 만들기 Making a life wreath

1판 1쇄　2022년　1월 25일
1판 2쇄　2022년　5월 25일

YouTuber
플라워랩정은미

　　글　정은미 Agrinaflower
펴 낸 곳　수풀미디어
출판등록　2006년 8월 13일 제 382-2007-12호
주　　소　서울특별시 서초구 강남대로 27, 91-06
전　　화　02-743-0258
팩　　스　02-6008-6025
내용문의　korcool3@naver.com (케이오알시오오엘3)
홈페이지　www.spbooks.co.kr
　　　　　www.spbook.co.kr

Agrina
인스타그램

Agrina
스마트스토어

Publisher　배철호
기획 · 진행　수풀미디어
사진 · 삽화　정은미, 유하늘
북 디 자 인　수풀미디어 편집2팀
ISBN 978-89-94177-38-0　03630　값 28,000원

도움주신분 먼데이가든, 커피플라워, greengrin, 자뎅드보, 이지현, 꽃의 온기, 김지은, 꽃을담다
플라워스튜디오 설유, 로지베이지, 라플레르, 재스민플라워, 아템파우제13
매일조아라, 서지영, 전선영, 아델라플레르, 오투(O2)플라워, 친구동규, 네일도로시
권서영, 유혜영, 예스재이, 그리다봄, 블라썸, Erica on Monday(에리카온먼데이)
아람아뜰리에, 박미영

Narciſſuſ

Olive

Sun flower

Narciffit

Olion

Rofmarq

Sun flower